魏永承 著

股市預知學

技術分析精奧

作者簡介

姓名：魏永承〔原：進興〕
經歷：
　　嘉弘證券投資顧問資深分析師
　　〔鑫報〕金字塔操盤術專欄主筆

著作：
　　☆人生預知學（八字命理精奧）
　　☆股市預知學（技術分析精奧）
　　☆奇門姓名學
　　☆念力與修行
　　☆奇門法術的修持與應用

序

在國小四、五年級寒暑假的時候，我總愛做個跟屁蟲跟著父親去證券商閒晃，那個年代是在營業廳的大黑板上用粉筆寫寫擦擦記錄著股價，投資人就是兩眼盯著黑板，目不轉睛的看股價變動，這就是當時的〔看股票〕。要是沒去證券商就只能在家守著收音機〔聽股票〕了，此時我就派上用場了，就是聽股票記錄股價，收盤了還有一項任務，就是畫 k 線，因為小孩子眼力好，所以父親就交給我包辦了。或許，就是這段童年經歷在我的潛意識裡埋下了股票的種子。

退伍工作幾年後適逢開放證券商設立，股票市場產生較大的波動，遂激起我做股票的念頭，不惜砸下重資購置電腦、股票軟體，潛心研究，終於獨創出這套〔三線一心選股法則〕。於（鑫報）任職專欄主筆期間公開此秘訣，當時的學員跟購買書籍的讀者，目前都是股市中的隱世高手。試想在將近 1800 檔股票中能快速地篩選出一、二檔的黑馬股，已是精密中之精密了。

近十年來大盤指數上漲了一萬餘點，理應股友們都獲利滿滿才對。可是，怎麼聽周遭的人一談論起股票，就皺起了眉頭；不是她賠了老本、就是他輸了三棟房子……。為何輸賠？追根究底起來，結論有:(1)選錯股票。(2)不知買、賣的時機。

每一波段都是不同的領頭類股，就算押對領頭類股也要選中黑馬股，縱然買了黑馬股更要能掌握買、賣的時機，如此才能成為股市常勝軍，擺脫股市輪迴的宿命。

股市預知學就是在告訴您如何選對股票、如何掌握買賣時機，多空皆宜。

於此，天命所使，再度公開此秘訣，只要您會看漫畫書，就能看懂且現用書內的訣竅，內容配合技術圖，簡單明確、字字要訣。

本書分為兩部份，第一部份以〔三線一心選股法則〕為主，讀者可先從這個章節開始看，以便現學現用現獲利，書中保留 20 年前使用這套選股法則的技術分析圖形，以供對照近期所使用這套法則的技術分析圖形，證實 20 餘年來經得起考驗，準驗無誤。就如中醫所說〔效不更方〕，有效的藥方就不需改變。第二部份以技術指標為主，可依個人喜好擇用，適合短線、中長線，善加運用可以突破技術分析盲點。

感恩天地神靈 准予公開並扶助此秘訣成書

願 擁有此書的每個人都獲利

2023 年荔月
寫於　心殿

2

金字塔操盤術

多重概念 多頭 想像空間廣

半年一等成績 迎新再接再厲

上週六的台股受到美國道瓊與那斯達克雙雙下跌的影響，以下跌五十六點的低點開盤，但是金融合併題材續漲股釋，而且政府基金點火之下，加上塑化與航運的強力助攻，大盤迅速由黑翻紅，但是長假在即，投資人追價意願不高，令大盤在尾盤附近游走，直至終場加權指數小跌四點，以四七二九點收盤，成交量為三百三十億元。

非以單純的景氣好壞此種直視式的思考方式所能理解，而且，股票市場是先行指標，股價走勢往往反應在利多與利空之前，跟消息面總是大相背離，大須境界不佳，指數的表現就受到壓縮，但是在具備題材個股的表現卻又顯得很寬廣，頗有想像空間，三通概念股、六輪電能概念股、以及向具成長潛力的LCD、砷化鎵。

二〇〇一年世紀經濟景氣趨緩，是目前世界各國的經濟預測機構公認的預測結果，今年經濟成長率持大幅上修正為五‧三一，而預期我國今年經濟成長率也從原先的十五‧六劇降到三‧四，經濟若直接向下修正為五‧三一，而台玻此檔股票，正值政黨輪替、民心浮動利空頻繁之際，唯獨台玻逆流而上，在高價多頭順利落後之際，當時碧悠的股價在三十元、台玻大盤歷經八掌溪事件、核四事件、唐飛辭職案、罷免總統。

本欄自六月執筆以來，當時加權指數處於八千點附近，但卻搖搖欲墜，多頭處於極度危險狀態，筆者以六輪為導向的台灣經濟，首先推出憑藉著本人所獨創百年難得一見的選股技術，首先推出台玻此檔股票，正值政黨輪替、民心浮動利空頻繁之際，唯獨台玻逆流而上，在高價多頭順利落後之際，當時碧悠的股價在三十元、台玻大盤歷經八掌溪事件、核四事件、唐飛辭職案、罷免總統。

多政經利空消息，加權指數也跌撼的下殺了約四千點，碧悠的股價續能見到三十元之上，相較於其他電子股，實在強得沒話說；十月份的旺宏，連拉六根漲停，選股策略不僅是波段有勁，短線更是犀利；十二月份再度推出巨大以及中華車、長榮航，走勢也都相當穩健。

面對新的世紀，新的一年，筆者也以新的風貌服務會員與股友，當力求超越以往的操作績效，更上層樓，並逐步以本人所學正宗奇門遁甲的法奇門、大六壬神斷、子平八字，作全方位的服務，實望在股票操作過程能夠進財、利身、淨心三項兼達。

魏進興

4

目　錄

c>→「一日」頭與底之要訣。

〈一〉平衡的操作法則

[平衡]不是現代名詞，早在磐古開天地，我們的祖先就已在使用平衡的概念。諸如：太極圖、奇門九宮圖、河圖洛書，都是奇妙的數字平衡組合。一直到目前在太空飛行的科技產物，除了動力之外，還是要講平衡。

使用在技術指標上如：RSI 的 50 中線、MACD 的 0 軸線、KD 指標的 50 中心線，都是從平衡點衍生出高低點。以下開始以實例說明，如何以平衡點抓波段的高低點。

例 1：2022 年 台端（股號 3432）

日期	收盤價	漲跌	6 日 RSI
08/01	14.6	=	54
08/02	14.6	=	54
08/02 維持平盤，也就是明天收盤價至少要平盤以上，才站上平衡點			
08/03	16.05	+1.45	76
08/03 上漲 1.45 元，明天不能下跌超過 1.45÷2＝0.72 元			
08/04	17.65	+1.6	86
08/04 上漲 1.6 元，明天不能下跌超過 1.6÷2＝0.8 元			
08/05	19.4	+1.75	90
08/05 上漲 1.75 元，續站平衡價，持股續抱			
08/08	20	+0.6	92
08/08 上漲 0.6 元，明天不能下跌超過 0.6÷2＝0.3 元			

08/09	22	+2	94
08/09 上漲 2 元，續站平衡價，持股續抱			
08/10	22.6	+0.6	95
08/10 上漲 0.6 元，續站平衡價，持股續抱			
08/11	22.65	+0.05	95
08/11 上漲 0.05 元，續站平衡價，持股續抱			
08/12	23.7	+1.05	96
08/12 上漲 1.05 元，明天不能下跌超過 1.05÷2＝0.52 元			
08/15	23.55	−0.15	93
08/15 明天要上漲超過 0.15÷2＝0.075 元，才續站平衡價			
08/16	23.45	−0.1	90
08/16 下跌 0.1 元，第一次跌破平衡價，持股減碼			
08/17	22.8	−0.65	75
08/17 續跌 0.65 元，明天要上漲超過 0.65÷2＝0.32 元才站上平衡價			
08/18	25.05	+2.25	85
08/18 上漲 2.25 元，逢高減碼			
08/19	23.85	−1.2	67
08/19 下跌 1.2 元，第二次跌破平衡價，持股出清			
利用平衡價約從 14.6 元坐到約 25 元，14 個交易日漲幅約 72%。			

例 2：2022 年 愛地雅（股號 8933）

日期	收盤價	漲跌	6 日 RSI
08/19	12.85	+0.15	82
08/19 上漲 0.15 元，明天不能下跌超過 0.15÷2＝0.075 元			
08/22	12.8	-0.05	78
08/22 下跌 0.05 元，站上平衡價，買進持股			
08/23	13.15	+0.35	85
08/23 上漲 0.35 元，明天不能下跌超過 0.35÷2＝0.17 元			
08/24	14.45	+1.3	93
08/24 上漲 1.3 元，續站平衡價，持股續抱			
08/25	14.65	+0.2	94
08/25 上漲 0.2 元，續站平衡價，持股續抱			
08/26	15.5	+0.85	96
08/26 上漲 0.85 元，續站平衡價，持股續抱			
08/29	16	+0.5	97
08/29 上漲 0.5 元，續站平衡價，持股續抱			
08/30	16.9	+0.9	97
08/30 上漲 0.9 元，續站平衡價，持股續抱			
08/31	17.05	+0.15	98

08/31 上漲 0.15 元,續站平衡價,持股續抱			
09/01	18.25	+1.2	98
09/01 上漲 1.2 元,續站平衡價,持股續抱			
09/02	19.7	+1.45	99
09/02 上漲 1.45 元,續站平衡價,持股續抱			
09/05	20.45	+0.75	99
09/05 上漲 0.75 元,明天不能下跌超過 0.75÷2＝0.37 元			
09/06	**18.45**	**-2**	**64**
09/06 下跌 2 元,第一次跌破平衡價,持股減碼			
09/07	19	+0.55	67
09/07 上漲 0.55 元,餘股續抱			
09/08	19.7	+0.7	72
09/08 上漲 0.7 元,餘股續抱			
09/12	21.65	+1.95	81
09/12 上漲 1.95 元,餘股續抱			
09/13	22.7	+1.05	84
09/13 上漲 1.05 元,餘股續抱			
09/14	24.95	+2.25	89
09/14 上漲 2.25 元,餘股續抱,明天不能下跌超過 2.25÷2＝1.12 元			

09/15	23.45	-1.5	71
09/15 下跌 1.5 元，第二次跌破平衡價，出清持股			
09/16	22.65	-0.8	63

利用平衡價約從 12.8 元坐到約 24 元，18 個交易日漲幅約 88%。

或許讀者會問，哪有辦法找到這種黑馬股？續看下章見分明，以本人獨創的【三線一心選股法】要在將近 1800 檔股票當中找出一、二檔黑馬漲股乃輕而易舉之事，讓您心頭穩、賺得穩。

例 3： 2022 年 加權指數

日期	指數	漲跌	6 日 RSI
09/13	14894	+87	56.3
09/13 上漲 87 點，明天不能下跌超過 87÷2＝43.5 點			
09/14	14658	-236	42.3
09/14 下跌 236 點，明天要漲 236÷2＝118 點，才站上平衡點。			
09/15	14670	+12	43.2
09/15 上漲 12 點，沒有站上平衡點，多頭續觀望。			
09/16	14561	-109	37.1
09/16 下跌 109 點，沒有站上平衡點，多頭續觀望。			
09/19	14425	-136	30.7

09/19 下跌 136 點,沒有站上平衡點,多頭續觀望。			
09/20	14549	+124	41.7
09/20 上漲 124 點,第一次站上平衡點,多頭續觀望。			
09/21	14424	−125	35
09/21 下跌 125 點,沒有站上平衡點,多頭續觀望。			
09/22	14284	−140	28.7
09/22 下跌 140 點,沒有站上平衡點,多頭續觀望。			
09/23	14118	−166	22.9
09/23 下跌 166 點,沒有站上平衡點,多頭續觀望。			
09/26	13778	−340	15.3
09/26 下跌 340 點,沒有站上平衡點,多頭續觀望。			
09/27	13826	+48	19.8
09/27 上漲 48 點,沒有站上平衡點,多頭續觀望。			
09/28	13466	−360	13.4
09/28 下跌 360 點,沒有站上平衡點,多頭續觀望。			
09/29	13534	+68	19.3
09/29 上漲 68 點,沒有站上平衡點,多頭續觀望。			
09/30	13424	−109	17
09/30 下跌 109 點,沒有站上平衡點,多頭續觀望。			

10/03	13300	−124	14.7

10/03 下跌 124 點，沒有站上平衡點，多頭續觀望。

10/04	13576	+276	37.5

10/04 上漲 276 點，第二次站上平衡點，多頭少量進場。因為 6 日 RSI 尚未站上 50 中軸線。

加權指數從 14894 點跌到 13300 點，16 個交易日共下跌約 1600 點，多頭運用平衡點操作可以保持觀望，持盈保泰。

例 4：加權指數

日期	指數	漲跌	6 日 RSI
10/08	6214	−405	8
10/11	6124	−88	9

10 月 11 　下跌 88 點，88÷2=44 點，也就是明天收盤須至少上漲 44 點，短線底部才能確認。

10/12	6495	+372	40

10 月 12 日上漲 372 點，372÷2=186 點，明天收盤最多只能下跌 186 點，否則底部失敗。

10/13	6626	+130	48

10 月 13 日上漲 130 點，不破平衡點，漲勢持續。130÷2=65，明天收盤

最多只能下跌 65 點。

10/14	6567	-58	45

10 月 14 日下跌 58 點，不破平衡點，漲勢持續。58÷2=29，明天收盤至少要上漲 29 點。

10/15	6695	+127	53

10 月 15 日上漲 127 點，突破平衡點，漲勢持續。127÷2=63.5，明天收盤最多只能下跌 63.5 點。

10/17	6731	+35	55

10 月 17 日上漲 35 點，不破平衡點，漲勢持續。35÷2=17.5，明天收盤最多只能下跌 17.5 點

10/18	6755	+24	56

10 月 18 日上漲 24 點，不破平衡點，漲勢持續，24÷2=12，明天收盤最多只能下跌 12 點。

10/19	6669	-86	49

10 月 19 日下跌 86 點，跌破平衡點，漲勢受阻，86÷2=43，明天收盤最少要上漲 43 點。

10/20	6761	+92	56

10 月 20 日上漲 92 點，站上平衡點，92÷2=46，明天收盤最多只能下跌 46 點。

10/21	6839	+78	62

10 月 21 日上漲 78 點,不破平衡點,漲勢持續,78÷2=39,明天收盤最多只能下跌 39 點。

10/22	6770	−68	54

10 月 22 日下跌 68 點,第二次跌破平衡點,不逃套牢難免。

　　此波行情共計上漲了 1000 點,運用『平衡點』可以從頭坐到尾,完全不須消息面。有一點必須注意:以〔收盤指數〕決定是否跌破或站上平衡點,盤中的震盪不予理會。假如你是經驗老手,可以配合【CDP 逆勢操做法則】以及【盤中即時平衡點】,做出預測,提早下單。

【不站上平衡點、明日還有低價。不跌破平衡點、明日還有高價。】

〈二〉週、月的平衡點操作法

週線的平衡點是一個非常重要的轉折點，使用得當，可以讓你走在消息面的前端。應用在指數或個股都相當靈驗。

例：第一週收盤指數：4500點

　　第二週收盤指數：5000點

共上漲500點，500÷2=250，也就是第三週最多只能下跌250點。

若以指數計算5000-250=4750點，週末收盤你就已經知道下一週的多空轉折點是4750點，不必參加投顧、不用消息面、行情自在心中。

例：第一週收盤指數：5000點

　　第二週收盤指數：4500點

共下跌500點，500÷2=250，也就是第三週最少要上漲250點。

若以指數計算則為4500+250=4750點。第三週的6個交易日裡，只要任何一天〔站上〕4750點，即為中多漲勢確立，可逢低佈局。

　　例：茂矽

　880717週末收盤24.1元

　880723週末收盤22.2元

(24.1+22.2)÷2=23.1元，下一週的多空平衡點即為23.1元，

只要站上23.1元，就是中多確立。

月平衡點也是如此操做。

圖例：

（前日收盤價＋昨日收盤價）÷2＝今日平衡點（價）。若今日收盤
價「大於」今日平衡價，則是「買點」。

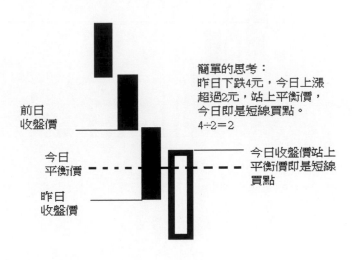

前日
收盤價

今日
平衡價

昨日
收盤價

簡單的思考：
昨日下跌4元，今日上漲
超過2元，站上平衡價，
今日即是短線買點。
4÷2＝2

今日收盤價站上
平衡價即是短線
買點

（前日收盤價＋昨日收盤價）÷2＝今日平衡點（價）若今日收盤
價「小於」今日平衡價，則是「賣點」。

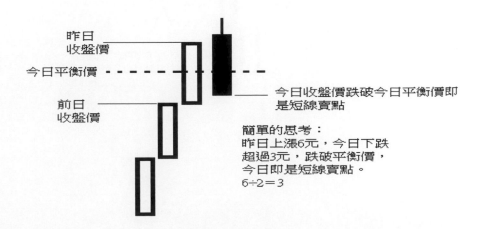

昨日
收盤價

今日平衡價

前日
收盤價

今日收盤價跌破今日平衡價即
是短線賣點

簡單的思考：
昨日上漲6元，今日下跌
超過3元，跌破平衡價，
今日即是短線賣點。
6÷2＝3

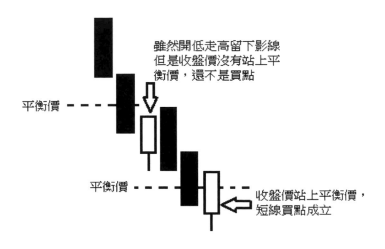

平衡價 - - - - -

雖然開低走高留下影線
但是收盤價沒有站上平
衡價，還不是買點

平衡價 - - - - -

收盤價站上平衡價，
短線買點成立

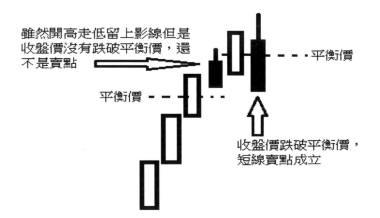

雖然開高走低留上影線但是
收盤價沒有跌破平衡價，還
不是賣點

平衡價 - - - - -

- - - - - 平衡價

收盤價跌破平衡價，
短線賣點成立

當 6 日 RSI ≧ 85 時，使用此法則。

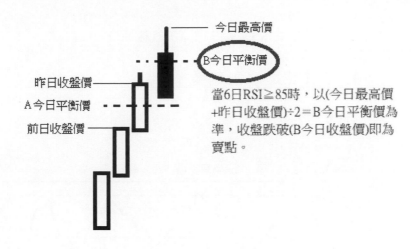

當6日RSI≧85時，以(今日最高價+昨日收盤價)÷2＝B今日平衡價為準，收盤跌破(B今日收盤價)即為賣點。

當 6 日 RSI ≦ 15 時，使用此法則。

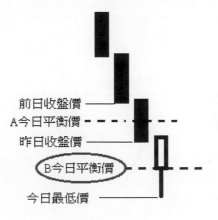

當6日RSI≦15時，以(今日最低價+昨日收盤價)÷2＝B今日平衡價為準，收盤突破(B今日平衡價)即為買點。

〈三〉股市漲跌幅度判斷反轉的應用

【祕訣一】：抓住每波頭底一日反轉要訣。

⇨基本認識：〈6 日 RSI 與 9 日 KD 值運用〉

〔A〕6 日 RSI 變動範圍

①多頭市場：

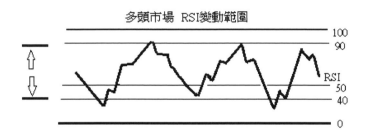

⇨多頭市場 6 日 RSI 在 40~90 之間來回變動。

換言之：多頭市場每波高點之 6 日 RSI 在 90 附近，

每波低點在 40 附近。

②空頭市場：

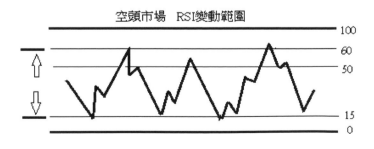

⇨空頭市場 6 日 RSI 在 15~60 之間來回變動。

換言之：空頭市場每波高點之 6 日 RSI 在 60 附近，每波低點在 15 附近。

〔B〕9日KD指標運用法則：

①KD值皆在20~80之間：

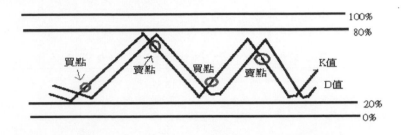

運用原則：

  a>K值由下而上穿越D值→買進

  b>K值由上而下穿越D值→賣出

②KD值皆在0~100之間：

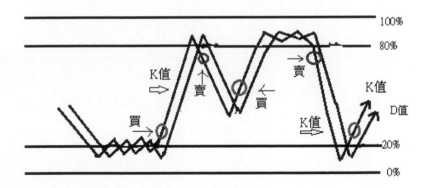

運用原則：

a>K值由下而上突破D值，同時K值由下而上亦突破20%時→為買進

b> K值由上而下跌破D值，同時K值由上而下亦跌破80%時→為賣出

➲基本認識：總加權指數點數差距百分比算法

　　例：A 點指數為 5000 點

　　　　B 點指數為 4800 點

　　　　求：A 點與 B 點之指數差距為多少百分比？

　　解：算法一：

　　　　　①多÷少＝A÷B＝5000 點/4800 點＝1.04

　　　　　②1.04－1＝0.04＝4%

　　　　　　故 A 點與 B 點之指數差距為百分之 4 即 4%

　　　　算法二：

　　　　　①少÷多＝B÷A＝4800 點/5000 點＝0.96

　　　　　②1－0.96＝0.04＝4%

　　　　　　故 A 點與 B 點之指數差距為百分之 4 即 4%

　　例：A 點指數為 5260 點

　　　　B 點指數為 4630 點

　　　　求：A 點與 B 點之指數差距為多少百分比？

　　解：算法一：

　　　　　①多÷少＝A÷B＝5260 點/4630 點＝1.136

　　　　　②1.136－1＝0.136＝13.6%

　　　　故 A 點與 B 點之指數差距為百分之 13 即 13%

算法二：

　①少÷多＝B÷A＝4630 點/5260 點＝0.88

　②1－0.88＝0.12＝12%

　故 A 點與 B 點之指數差距為百分之 12 即 12%

祕訣二：【漲跌幅度應用】

頭底一日反轉幅度：

<A>每波最高點一日反轉幅度。【7.8%】

a>多頭市場：

當 RSI 已達 80 以上，且 KD 指標亦已達 80 以上，表示行情過熱，一日反轉必然在數日之內發生，但到底是今日或明日或後日或大後天卻很難說，此時可使用漲跌幅度判斷。

方法：以最近三日之內〔包括當日〕，曾經出現過之最高指數為「A 點指數」，在最高之 A 點指數出現過後，如果當日或明日盤中出現任何一低於 A 點之指數，而其指數 B 點與 A 點指數之差距大於「7.8%」，亦即 A 點指數 x0.922 之點數，則當日必為一日反轉之日，手上之股票必須全數出清，若當日未將手中股票出清，第二日也是逃命點，若已經賣出也絕不可又介入買進。

〔註〕：本神奇之幅度之反面意義即為，若 RSI 已達 80 以上快接近 90，甚至已達 90 以上，且 KD 值亦已達 80 以上，行情最高點一日反轉必在數日內出現，而若此時盤中若出現一較低之指數 B 點，而與 B 點之前曾出現過之最高指數 A 點，其差距並未超過「7.8%」，亦即小於「7.8%」，則表示

本波段最高點還未出現，手中持股請繼續抱牢，繼續享受
飆漲的樂趣。

b>空頭市場：

當 6 日 RSI 已達 60 以上快接近 70，且 9 日 KD 指標也已
經走平，行情一日反轉必在數日之內發生，但到底在那一
日卻很難說，此時請使用漲跌幅度判斷。

幅度與多頭市場相同亦為「7.8%」，用法亦相同。即以盤
中出現過之任一低點 B 點，與 B 點之前曾出現過之最高點
A 點〔最近三日內，包括當日〕，若其差距大於「7.8%」，
則當日必為一日反轉日〔即波段高點〕，必須賣出持股。

<B> 每波最低點一日反轉幅度。【8.6%】

a>多頭市場：

當 6 日 RSI 跌破 50 快接近 40 左右，9 日 KD 值亦進入低檔
走平，行情見低點必在數日之內，但到底是今日或明日或
後日或大後日卻很難說，此時使用漲跌幅度判斷。

方法：即以最近三日內〔包括當日〕，曾經出現過之最低指數
為 A 點之指數，如果當日或第二日出現任一高於 A 點之指
數，而其指數 B 點與 A 點之指數其差距超過【8.6%】，則
當日必為最低點一日反轉日，此時放空之股票必須補回，
空手者必須加碼買進。若當日未能買進，第二日也必須買

進上轎。

〔註〕：本漲跌幅度之反面意義即為，若 B 點與 A 點之指數差距若並未超過【8.6%】，則表示行情之最低點並未出現，請繼續耐心等待真正之最低點出現。

b>空頭市場：

當 6 日 RSI 跌破 20，9 日 KD 值亦跌破 20 以下，行情波段低點必在數日內出現，但到底在那一日卻很難說，此時使用漲跌幅度判斷。幅度與多頭市場相同亦為【8.6%】。用法亦同。即以盤中出現過之任一高點〔B 點〕，與 B 點之前曾出現過之最低點〔A〕點互相比較，若其差距大於【8.6%】，則當日必為一日反轉之日。

〔註〕：此神奇之漲跌幅度，請妥為運用，必然抓住每波最高點及每波最低點，必然財源廣進，終身實用。

〔註〕：計算波段高點一日反轉時，必須以高點〔A 點〕為分母，在 A 點之後出現之低點〔B 點〕為分子計算之。

〔註〕：計算空頭結束，波段低點一日反轉時，必須以最低點〔A 點〕為分母，在 A 點之後出現之高點〔B 點〕為分子計算之。

〔註〕：①波段高點一日反轉幅度圖解：【7.8%】

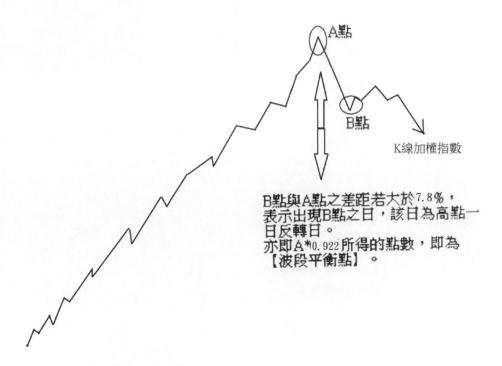

A點

B點

K線加權指數

B點與A點之差距若大於7.8%，
表示出現B點之日，該日為高點一
日反轉日。
亦即A*0.922所得的點數，即為
【波段平衡點】。

②波段高點一日反轉幅度運用：

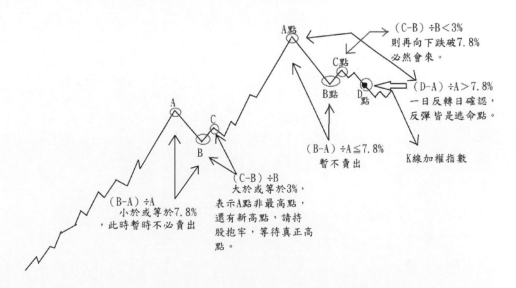

A點

C點

B點

D點

（C-B）÷B<3%
則再向下跌破7.8%
必然會來。

（D-A）÷A>7.8%
一日反轉日確認，
反彈皆是逃命點。

K線加權指數

（B-A）÷A≦7.8%
暫不賣出

A

C

B

（C-B）÷B
大於或等於3%，
表示A點非最高點，
還有新高點，請持
股抱牢，等待真正高
點。

（B-A）÷A
小於或等於7.8%
，此時暫時不必賣出

28

③波段低點一日反轉幅度圖解：【8.6%】

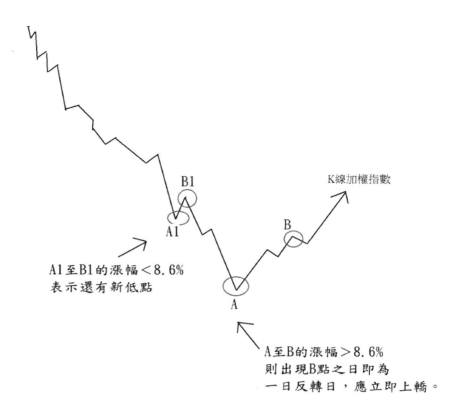

K線加權指數

B1

A1

A1至B1的漲幅＜8.6%
表示還有新低點

B

A

A至B的漲幅＞8.6%
則出現B點之日即為
一日反轉日，應立即上轎。

④波段双高點一日反轉圖解：【7.8%】

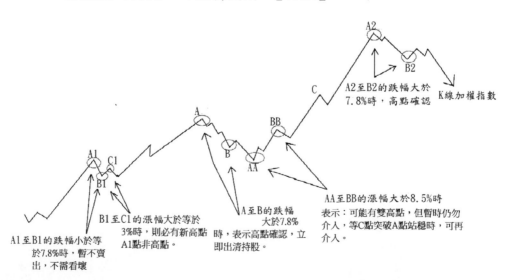

A2

B2

C

A2至B2的跌幅大於
7.8%時，高點確認

K線加權指數

A

B

BB

A1
C1
B1

AA

A1至B1的跌幅小於等
於7.8%時，暫不賣
出，不需看壞

B1至C1的漲幅大於等於
3%時，則必有新高點
A1點非高點。

A至B的跌幅
大於7.8%
時，表示高點確認，立
即出清持股。

AA至BB的漲幅大於8.5%時
表示：可能有雙高點，但暫時仍勿
介入，等C點突破A點站穩時，可再
介入。

29

樓梯線

樓梯線要訣，劃法及使用之秘訣：

⇨劃法之要訣：

①以十天為一個單位〔一個階梯〕。「以八日或七日為一單位也
可，視個人習慣」

②但若此十天內逢星期日，放假日，則扣除。例如：一個階梯為
十天，但其中碰到週休兩日及一個國定假日，即等於三個未交
易日，則此一個階梯僅為七天。

③取基準點日：

例：以指數 2485 為基點。則以此日 2485 點為一個階梯，在圖
上往右劃十天〔其中可能逢週日，故該階梯應為九天〕，等到
第十一天之指數假設為 3350 點，則以 3350 點為另一階梯再往
右劃十天。依序類推，則形成樓梯線，現今的技術分析軟體有
的有附樓梯線的功能，可省掉不少時間。

④劃法舉例：

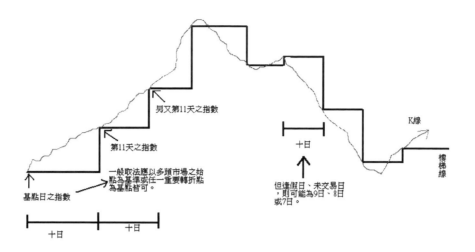

另又第11天之指數

第11天之指數

一般取法應以多頭市場之始點為基準或任一重要轉折點為基點皆可。

基點日之指數

十日　　十日

十日

但逢假日、未交易日，則可能為9日、8日或7日。

K線

樓梯線

⇨使用之秘訣：

①價線〔K線〕在樓梯線之上，應持股抱牢『做多』。

②價線〔K線〕在樓梯線之下，應退出觀望『做空』。

③樓梯線呈階梯上升，則持股抱牢，做長多〔為多頭市場〕。

④樓梯線呈階梯下降，則退出或做長空〔為空頭市場〕。

⑤樓梯線忽上忽下，變盤在即，應退出觀望。

⑥K線「長黑」由上而下跌破樓梯線，應獲利了結。

⑦K線「長紅」由下而上突破樓梯線，應立即搶進上車坐轎。

〈四〉台灣股市秘笈

內容一：股市幕後黑手安排股價秘訣

秘訣一：常盤：

即：注意每天九點五分之指數〔非九點之指數〕，若大於昨日收盤指數百分之一，則當日必收紅。若小於昨日收盤指數百分之一，則當日必收黑。〔盤中回升或下降皆是假的〕。

秘訣二：騙線：

即：當日九點五分之指數若大於〔小於〕昨日收盤指數百分之一，則收盤應該收紅〔收黑〕，但卻發生例外未能收紅〔收黑〕，反而收長黑〔長紅〕，則明日收盤必然收黑〔收紅〕。

〔註〕：騙線的機率不超過 2/10，8/10 以上皆會常盤。

〔註〕：若每日九點五分之指數未大於（小於）昨日收盤指數百分之一，則以九點十分之指數為判斷依據。

〔註〕：加權總指數每日是以每五分鐘變動一次。

〔註〕：通常約十次中會發生騙盤一次，而發生騙盤時，需仔細推敲郎中意圖。

〔註〕：行情在低檔時〔RSI=20 附近〕，連續幾天出現開

高走低，則見底就在最近幾日。

行情在高檔時〔6 日 RSI=80 附近〕，連續幾天出現

開低走高，則見頭就在最近幾日。

〔註〕：由以上原則引伸：當日開高就好，開低就是不好。

〔若僅維持五分鐘則無效。〕

內容二：型態訣竅：

＜一＞：底部要訣〔價線要訣〕

秘訣：當K線「第2次」「由下而上」突破「10日或12日」

移動平均線，且「第2次」突破之底「高於」〔最

起碼不能低於〕第1次突破之底部即為【確認】。

〔註〕：

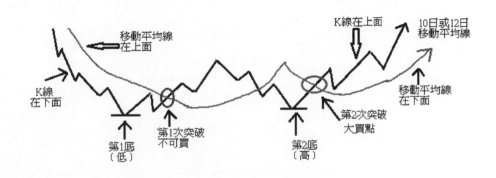

〔註〕：上述兩個條件〔即：第2次突破及第2底高於第1底〕

必須同時成立，缺一不可，否則底部不成立。

〔註〕：『底部確認要訣』：K線如果僅突破6日移動平均線無效，

一定要突破10日或12日之移動平均線才為有效。

〔註〕：K線在移動平均線之下，就是空頭市場，就不可買進，亦不可搶反彈，一定要耐心等到「底部確認」才可進場買進。

〔註〕：如果第2底比第1底「低」，但在「三天」之內立即拉回又超過第1底，而比第1底高，則僅視為『假跌破』，第2底仍視為有效。

＜二＞：頭部要訣〔價線要訣〕

秘訣：當Ｋ線第２次由上而下跌破「10日或12日」移動平均

線，則頭部確認。

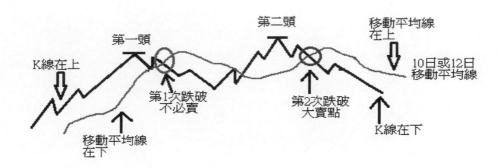

〔註〕：如果『6週RSI達90』時，則必然採取「尖頭」反轉下

跌，而沒有第2個頭。故第1頭〔即第1次Ｋ線跌破10

日或12日移動平均線時，就必須賣出。

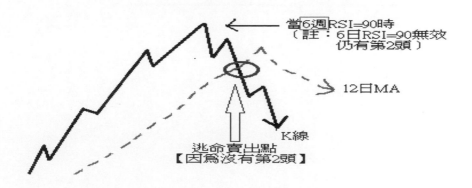

＜三＞：Ｖ型反轉要訣〔量線要訣〕

　　秘訣：當成交量縮到最小後，而能夠迅速出現『5-7倍』之成交量
　　　　　〔且連續 3 天以上〕，則『v 型回升底』確認。行情將一路
　　　　　走高，而不會拉回做第 2 底。

〔註〕：

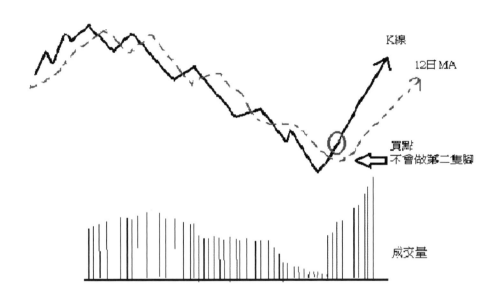

37

＜四＞：做頭盤底要訣〔價線要訣與量線要訣〕

(A)盤為正 W 底

$$\left\{\begin{array}{l}\text{價線要訣：「1/4 以內」}\\[2mm]\text{量線要訣：「6 成以內」}\end{array}\right\}\text{祕訣}$$

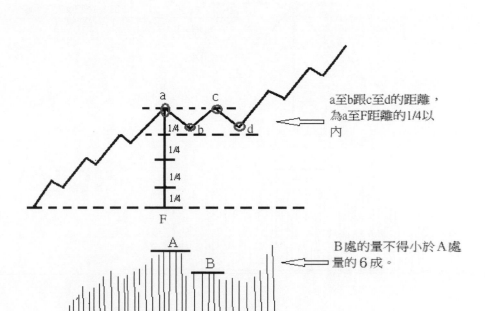

a至b跟c至d的距離，
為a至F距離的1/4以
內

B 處的量不得小於 A 處
量的 6 成。

成交量

(B)盤為縮腳型

$$\left\{\begin{array}{l}\text{價線要訣：「1/3 以內」}\\\\\text{量線要訣：「1/2 以內」}\end{array}\right\}\text{祕訣}$$

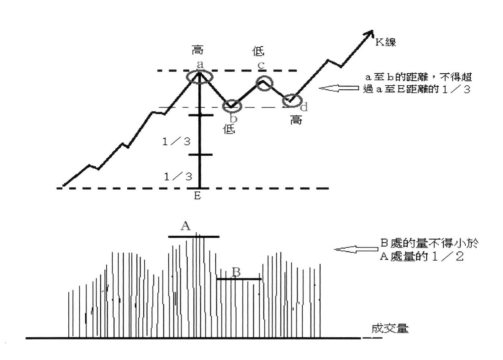

K線

a至b的距離，不得超
過a至E距離的1／3

B處的量不得小於
A處量的1／2

成交量

39

(C)「底部確認」補充

①正常

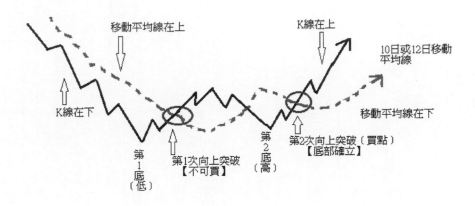

②例外：空頭市場才會發生

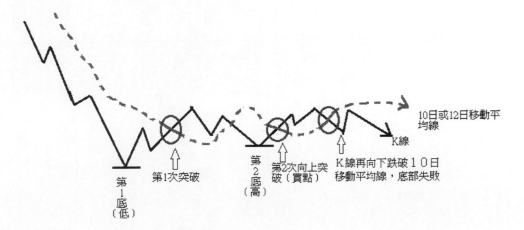

頭部與底部判斷 加強實例圖解

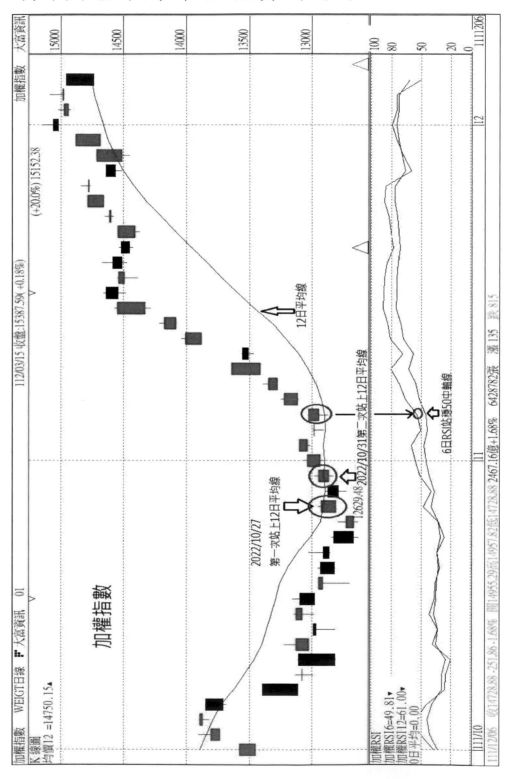

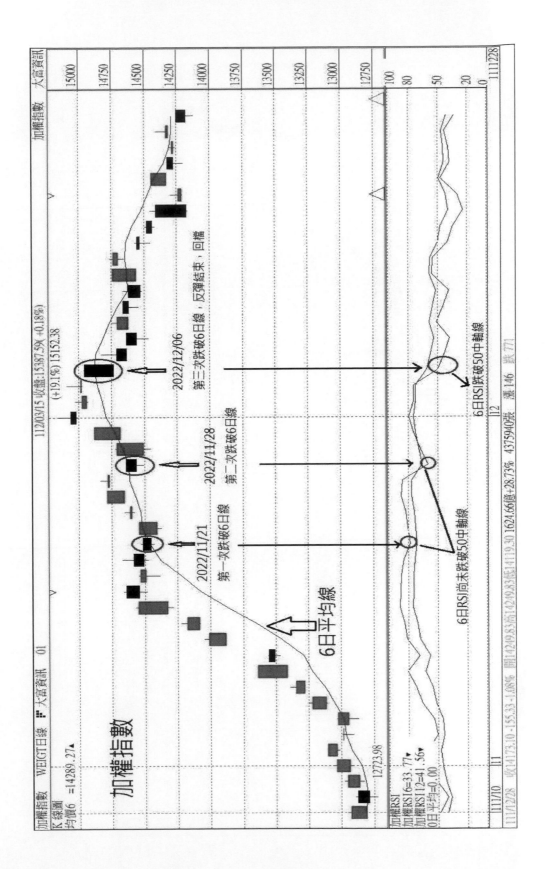

加權指數

6日平均線

2022/11/21
第一次跌破6日線

2022/11/28
第二次跌破6日線

2022/12/06
第三次跌破6日線，反彈結束，回檔

6日RSI尚未跌破50中軸線

6日RSI跌破50中軸線

42

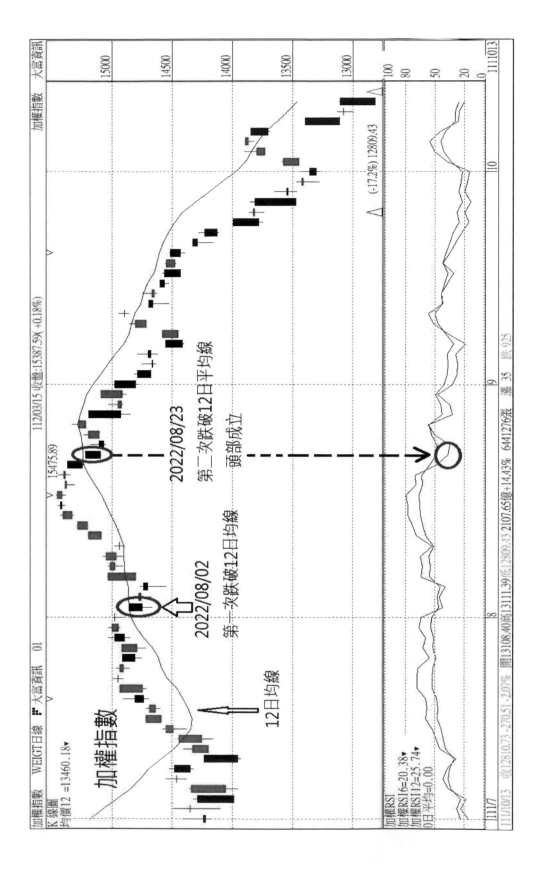

43

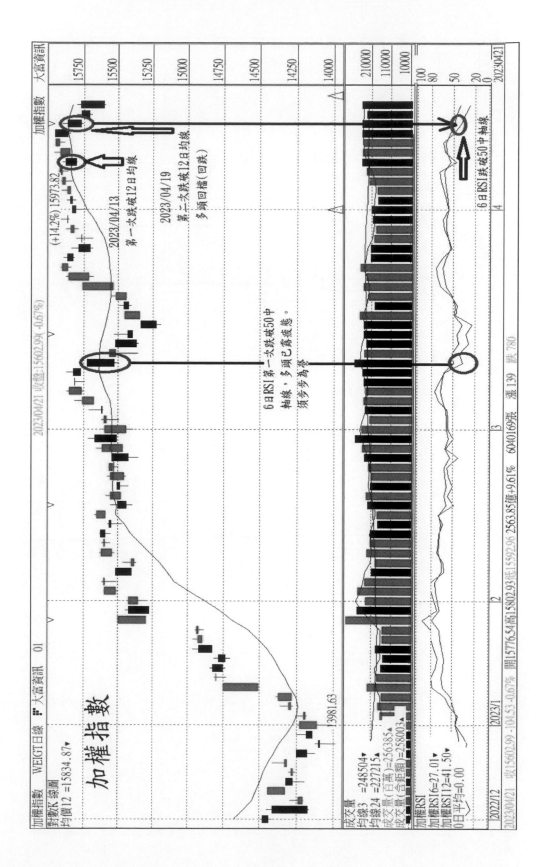

加權指數 WEIGT日線 ■■ 大富資訊 01   加權指數 大富資訊

加權指數
彩數K線圖
均價12 =15834.87▼

加權指數

(+14.2%)15973.82

2023/04/13
第一次跌破12日均線

2023/04/19
第二次跌破12日均線(回跌)
多頭回檔(回跌)

6日RSI第一次跌破50中
軸線，多頭已露疲態。
須步步為營。

1981.63

成交量
均線3 =248504▼
均線24 =227215▲
成交張數(百萬)=256385▲
成交額(合計額)=258003▲

加權RSI
加權RSI6=27.01▼
加權RSI12=41.50▼
0日平均=0.00

6日RSI跌破50中軸線

2022/12   2022/1   2023/1   2023/04/21

44

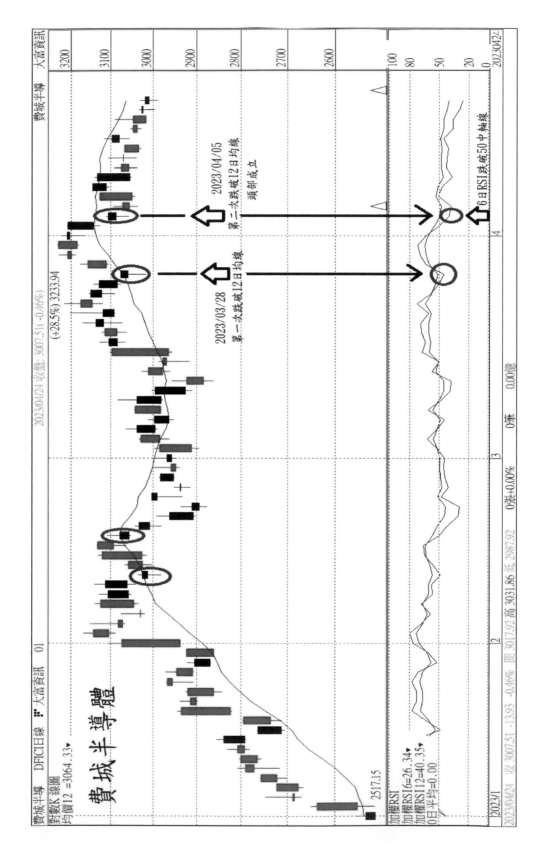

費城半導體

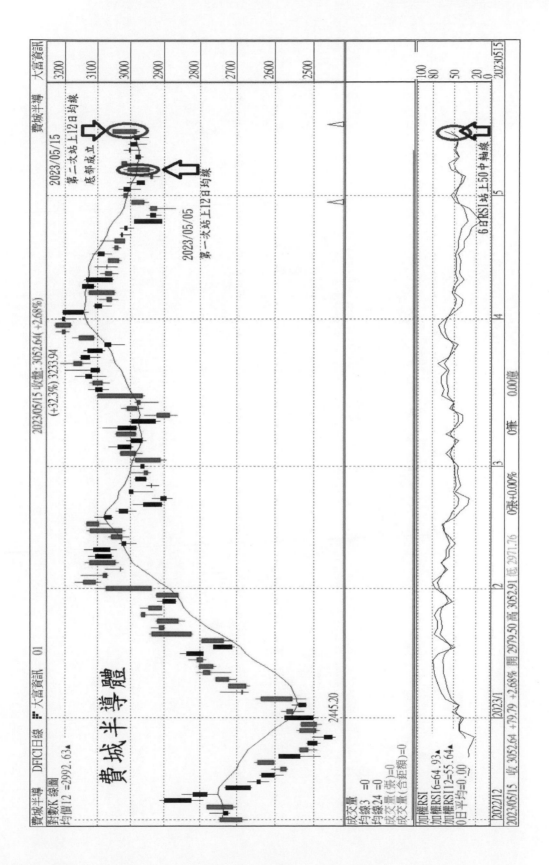

費城半導體

費城半導體

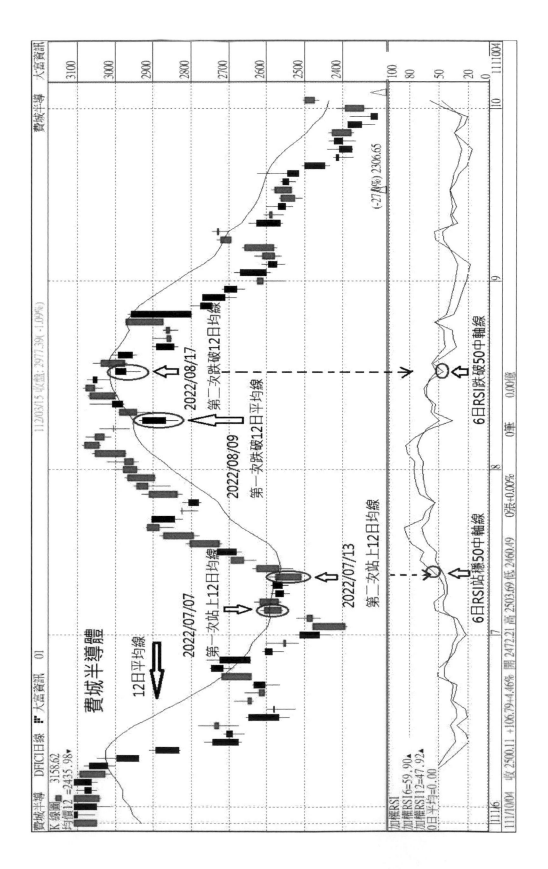

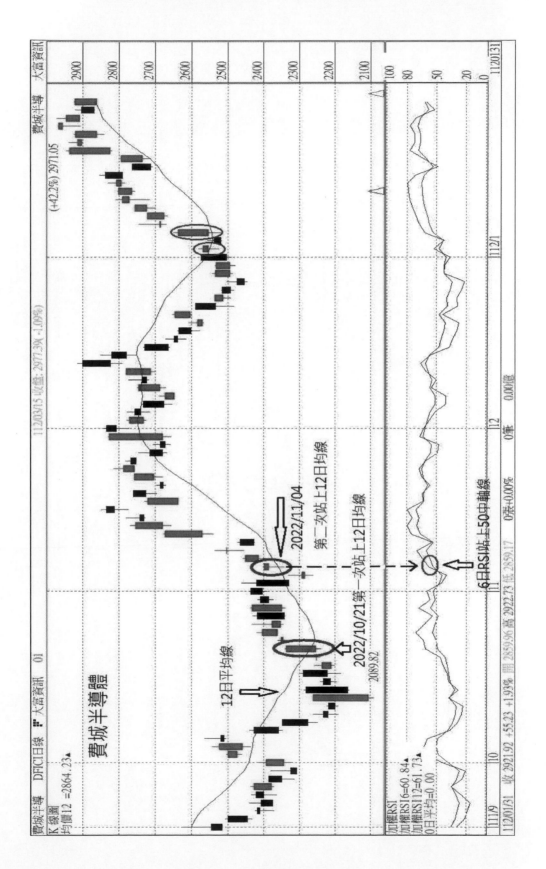

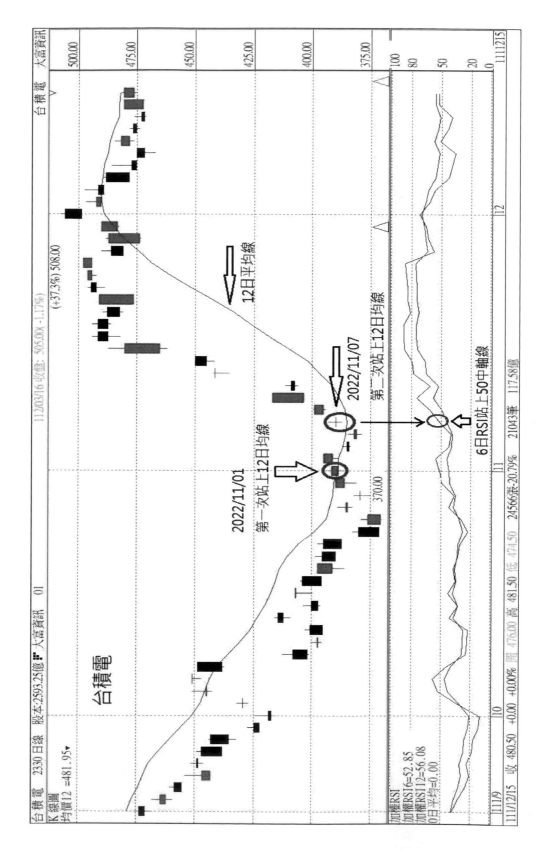

49

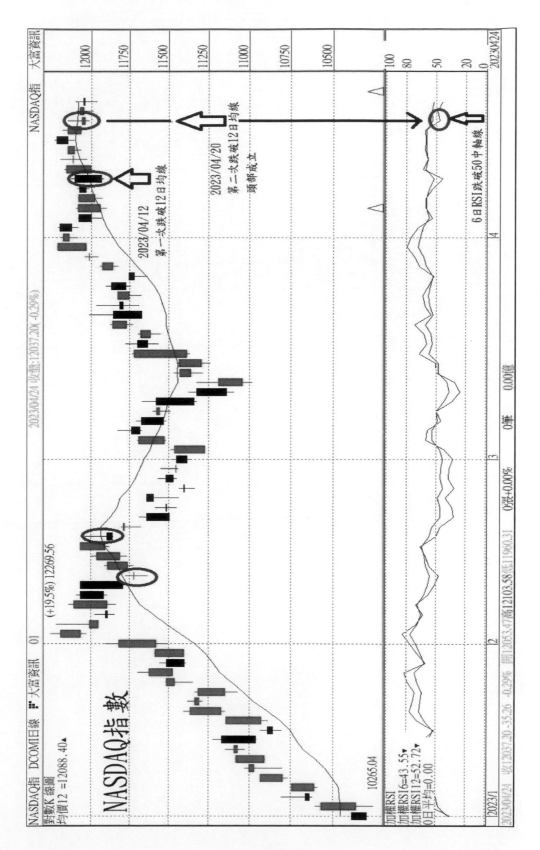

50

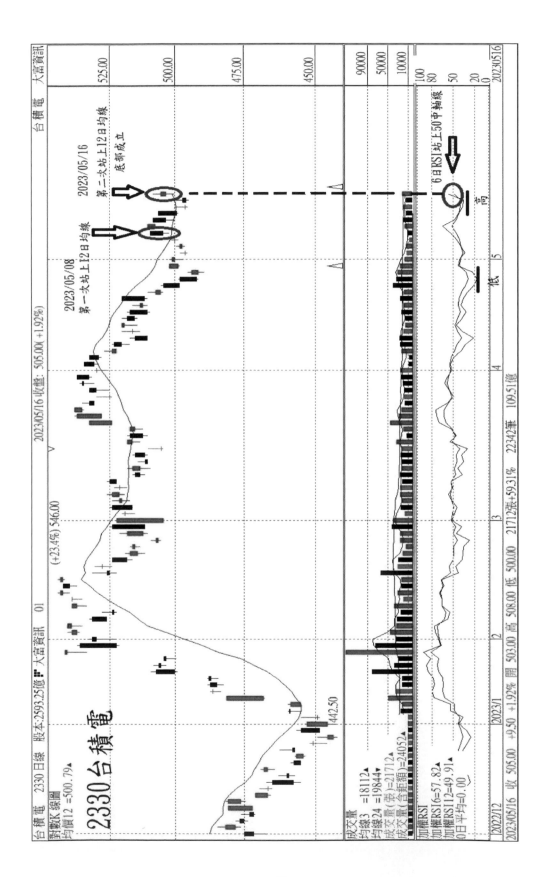

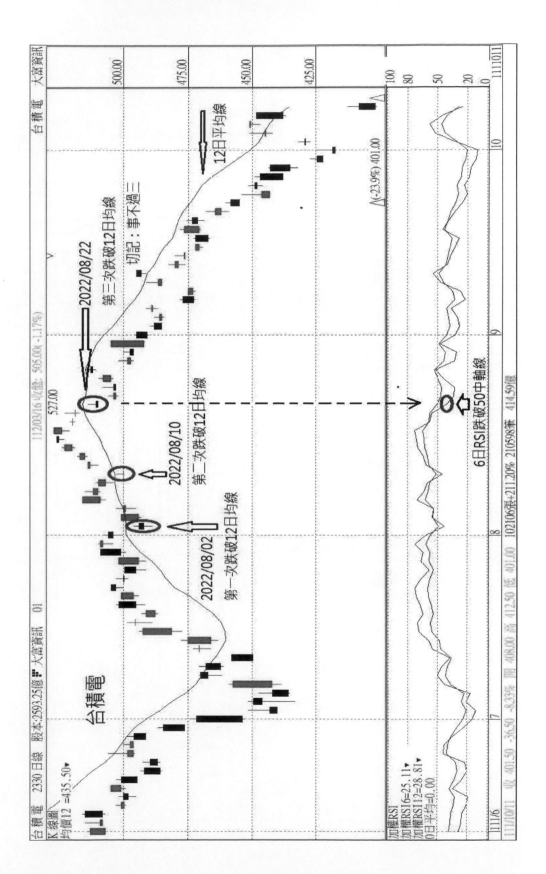

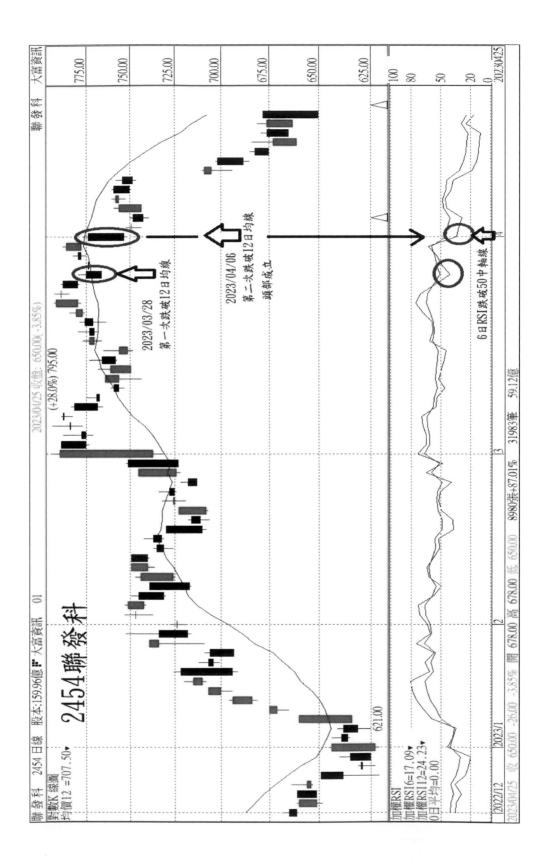

53

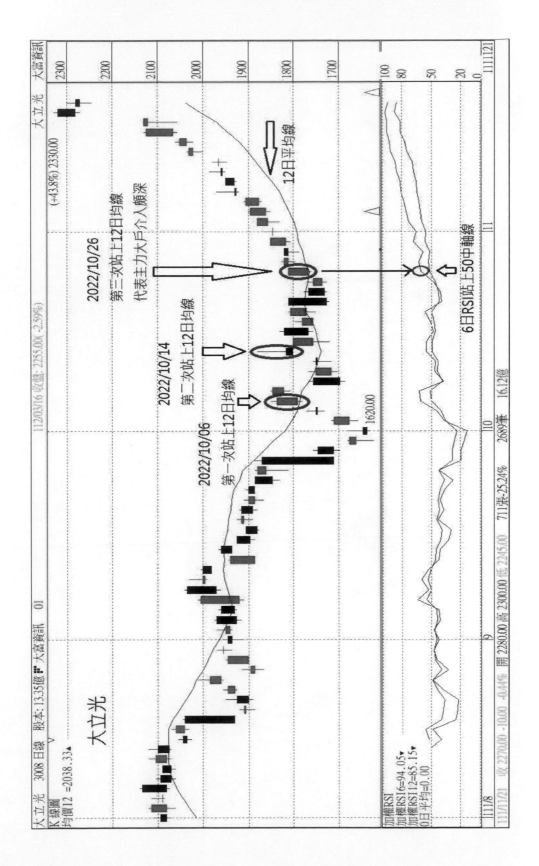

大立光 3008 日線 股本:13.35億 大富資訊 01

11/03/16 收盤:2255.00(-2.59%)

大立光 大富資訊

大立光

K 線圖
均價12 =2038.33▲

(+43.8%) 2330.00

12日平均線

2022/10/26
第三次站上12日均線
代表主力大戶介入頗深

2022/10/14
第二次站上12日均線

2022/10/06
第一次站上12日均線

1620.00

6日RSI站上50中軸線

加權RSI
加權RSI6=94.05▼
加權RSI12=85.15▼
0日平均=0.00

收 2270.00   -10.00   -0.44%   開 2280.00 高 2300.00 低 2245.00   711張-25.24%   2689筆   16.12億

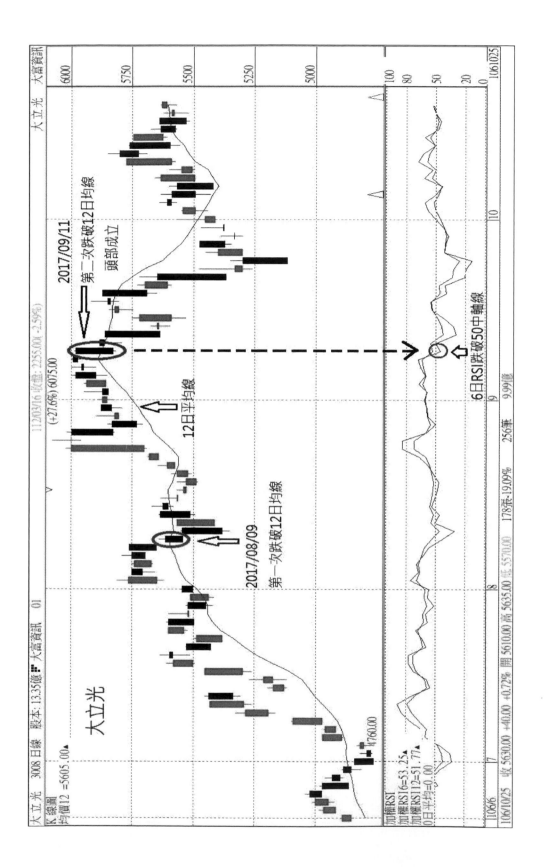

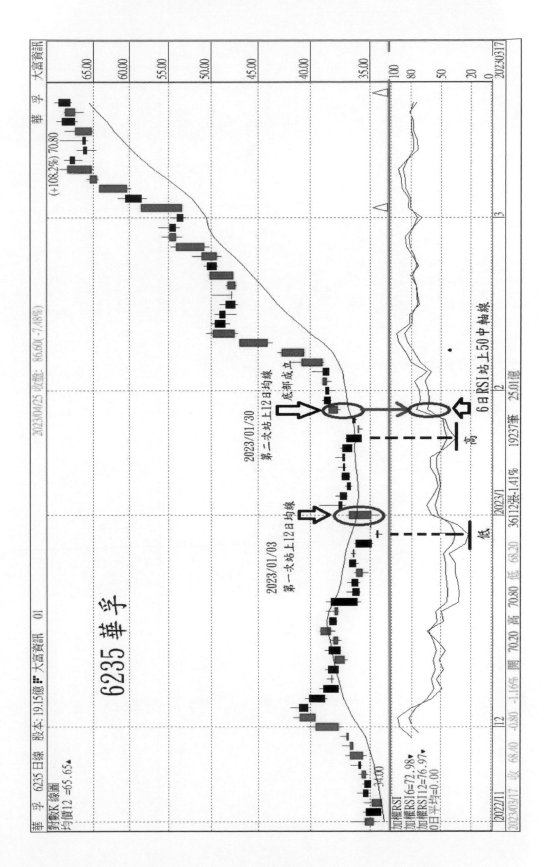

6235 華孚

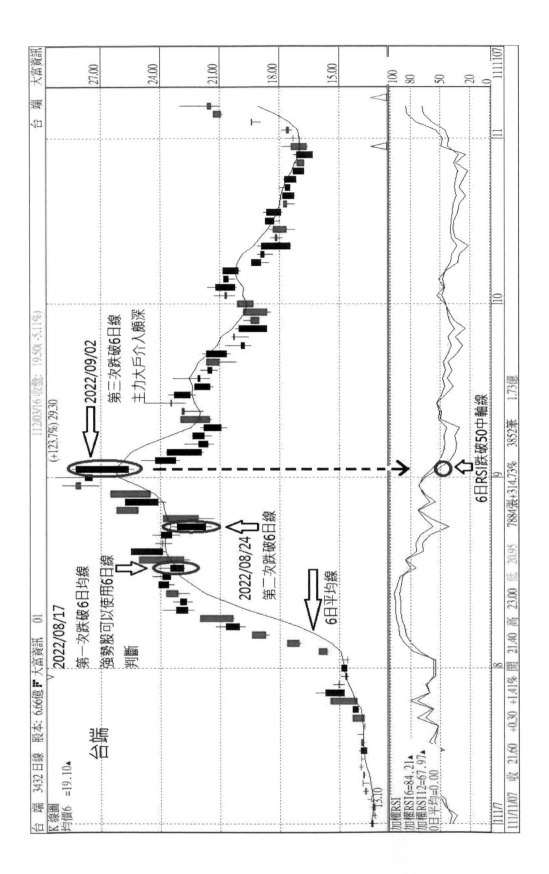

57

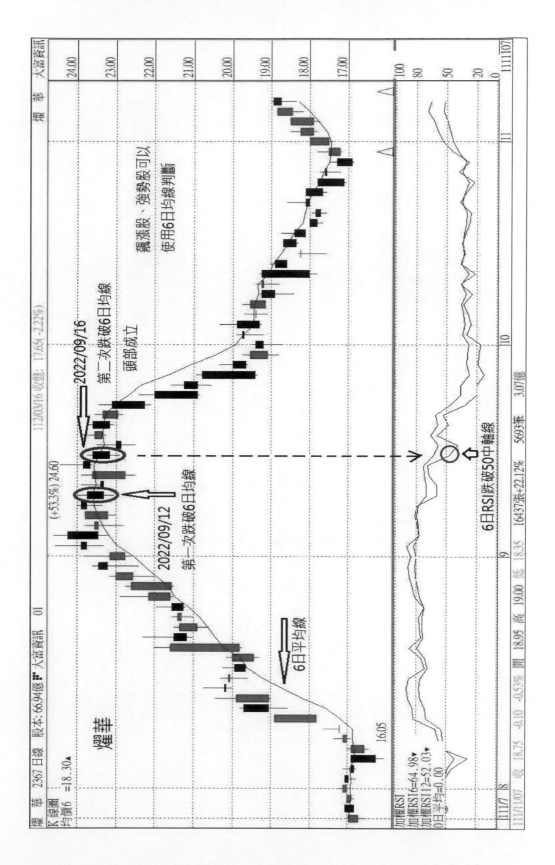

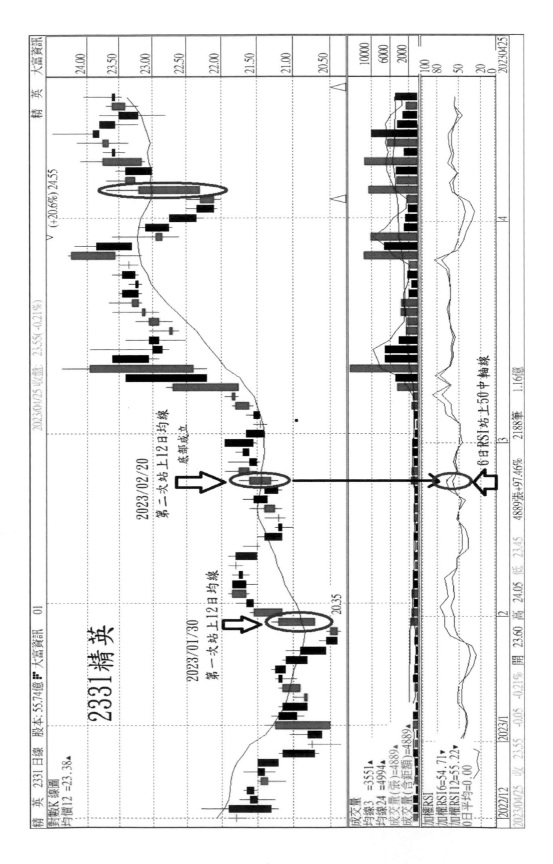

〈五〉三線一心選股秘技【千金難買】

※天下第一技※

此選股秘技乃由本人獨創，習過的學員都讚不絕口，

用心揣摩，您將獲益無窮。

選股要訣一：【價】的條件

$$日線 MA72$$

股價同時站上 $\left\{ \begin{array}{c} 週線 MA52 \end{array} \right\}$ 形成大買點

$$月線 MA21$$

※股價同時站上〔日線 MA72 及週線 MA52〕也可成立買點。

原理如同小雞要用最大的力氣破殼而出，這股力量衝最快、跑最遠，

符合我們希望的〔最短時間獲取最大利益〕的投資報酬率。

選股要訣二：【量】的條件

以 3 日移動平均量〔3MAV〕及 24 日移動平均量〔24MAV〕為依據。

〔1〕3MAV 跟 24MAV 形成黃金交叉：多頭攻勢開始，進入急漲主攻段。

〔2〕3MAV 跟 24MAV 形成死亡交叉：多頭急漲主攻段結束，往後可能進

入多頭整理或轉為空頭走勢。

〔3〕以此秘技所選出來的強勢股，多頭走勢至少可走 6 個月以上，漲

幅大多在 1 倍之上。反之，空頭走勢

也至少 6 個月以上。

以下[三線一心選股]圖例詳細解析：

大同（2371）

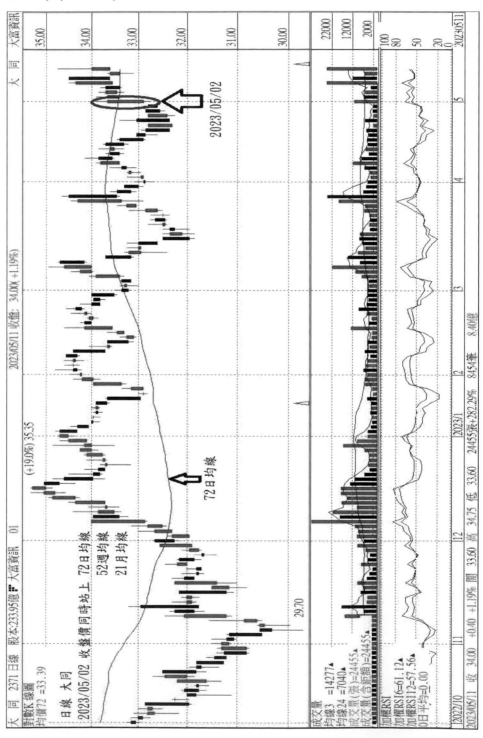

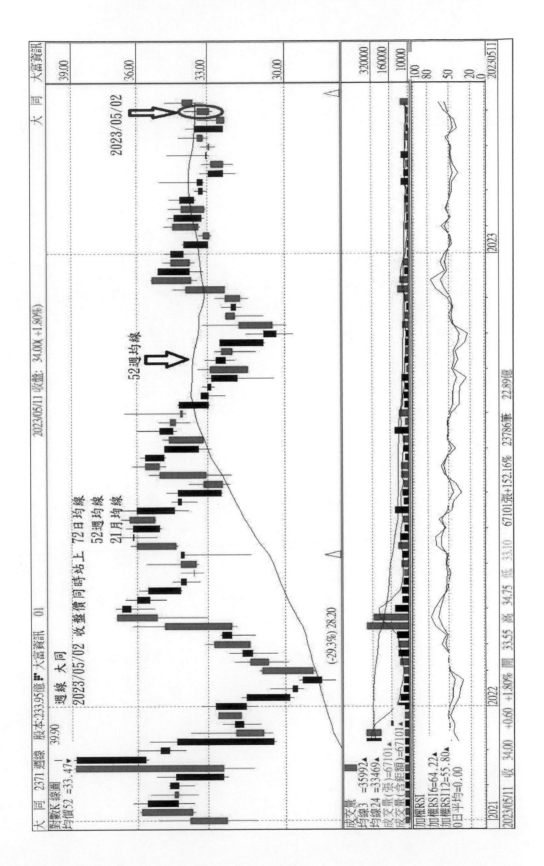

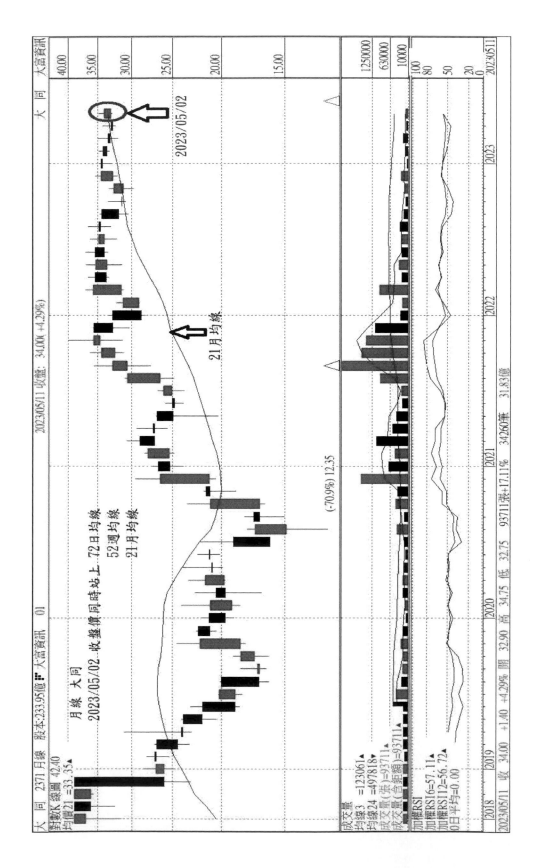

2023/05/02 收盤價同時站上 72日均線
52週均線
21月均線

月線 大同
2023/05/02 收盤價同時站上 72日均線

21月均線

2023/05/02

(-70.9%) 12.35

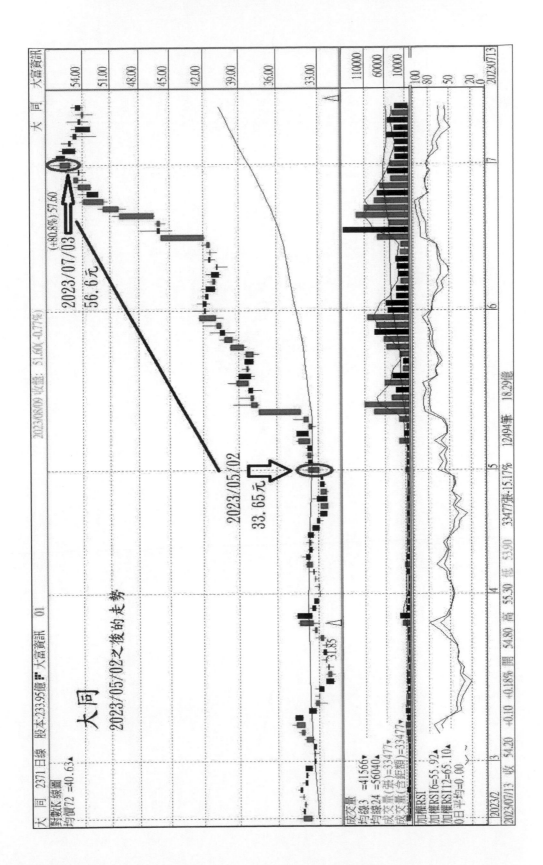

大同
2023/05/02之後的走勢

2023/07/03
(+80.8%)57.60
56.6元

2023/05/02
33.65元

64

神達（3706）

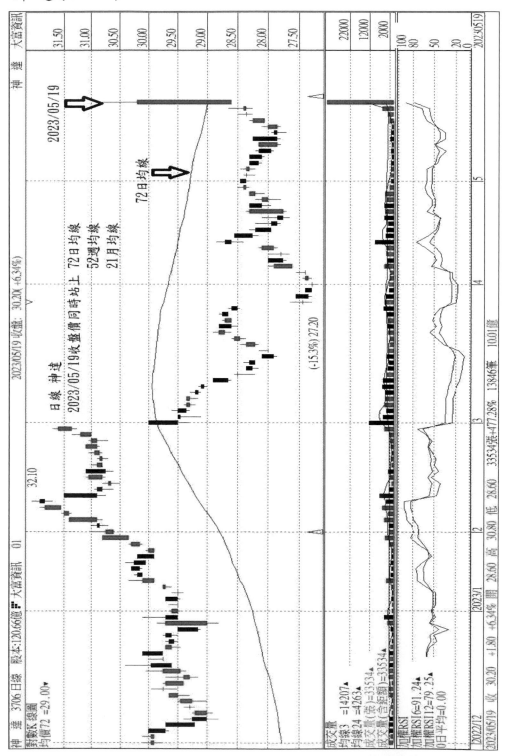

神達　3706 日線　股本:120.66億　大富資訊　01

2023/05/19 收盤: 30.20 (+6.34%)

神　達　大富資訊

對數K線圖
均價72 =29.00▼

日線　神達
2023/05/19 收盤價同時站上 72日均線
52週均線
21月均線

2023/05/19

72日均線

(-15.3%)27.20

32.10

31.50
31.00
30.50
30.00
29.50
29.00
28.50
28.00
27.50

22000
12000
2000

100
80
50
20
0

成交量
均線3 =14207▲
均線24 =4263▲
成交量(最)=33534▲
成交量(合距期)=33534

加權RSI
加權RSI6=91.24▲
加權RSI12=79.25▲
0日平均=0.00

2022/12
2023/05/19　收 30.20　+1.80 +6.34%　開 28.60 高 30.80 低 28.60　33534張+477.28% 13846筆 10.01億

2023/1
2023/05/19

2   3   4   5

65

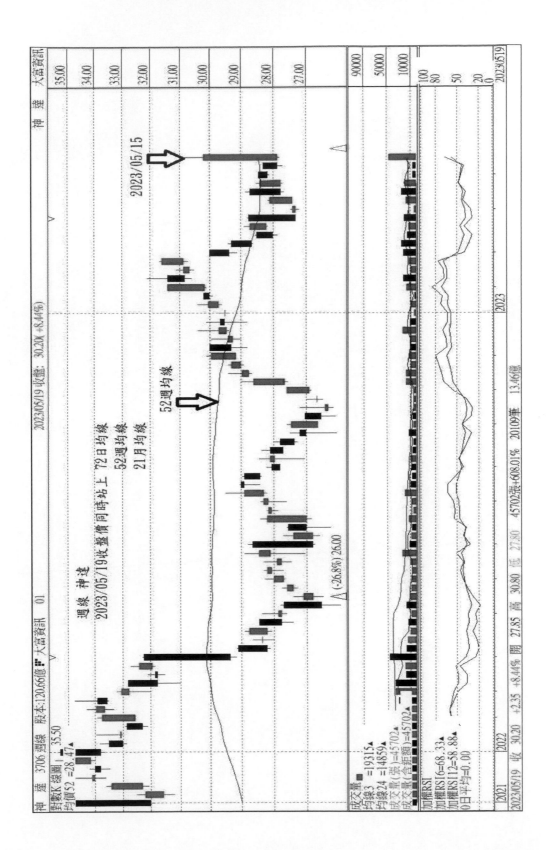

神達

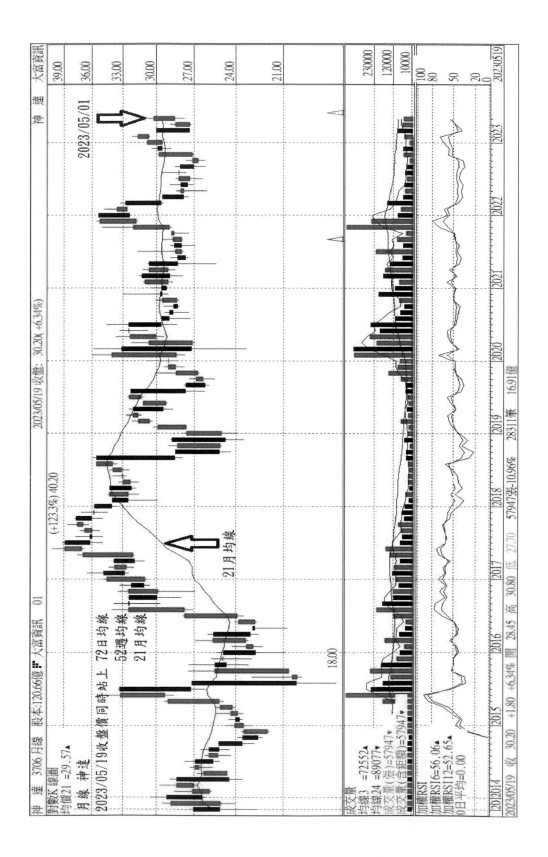

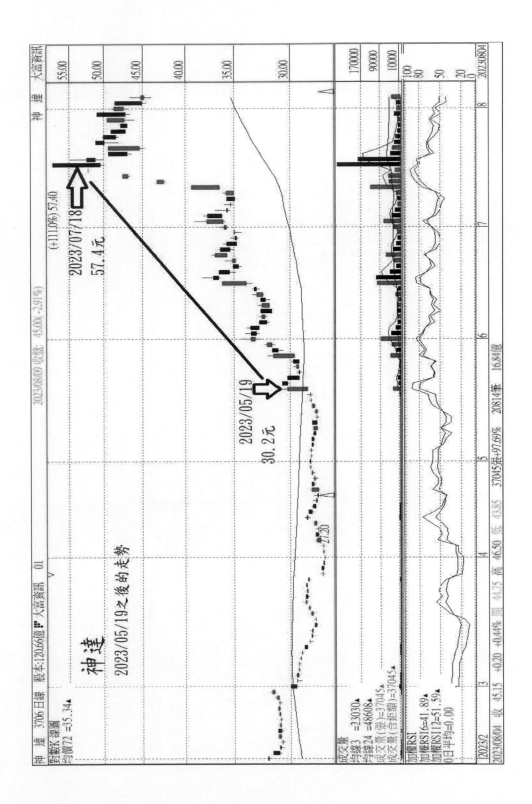

神達

2023/05/19之後的走勢

明泰（3380）

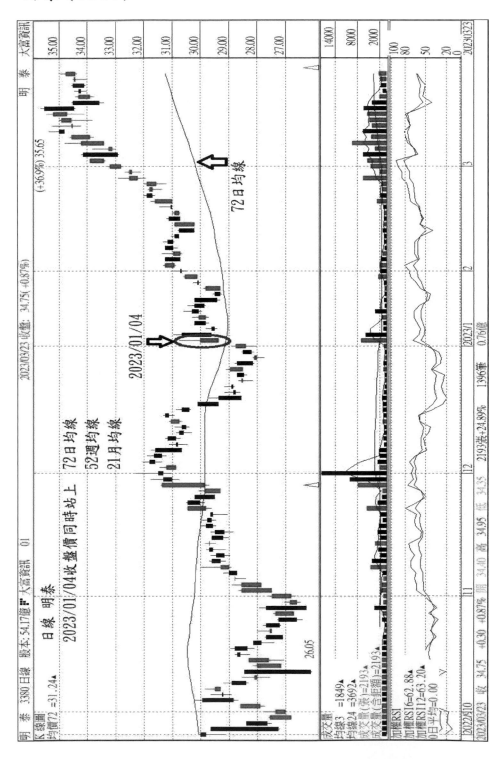

69

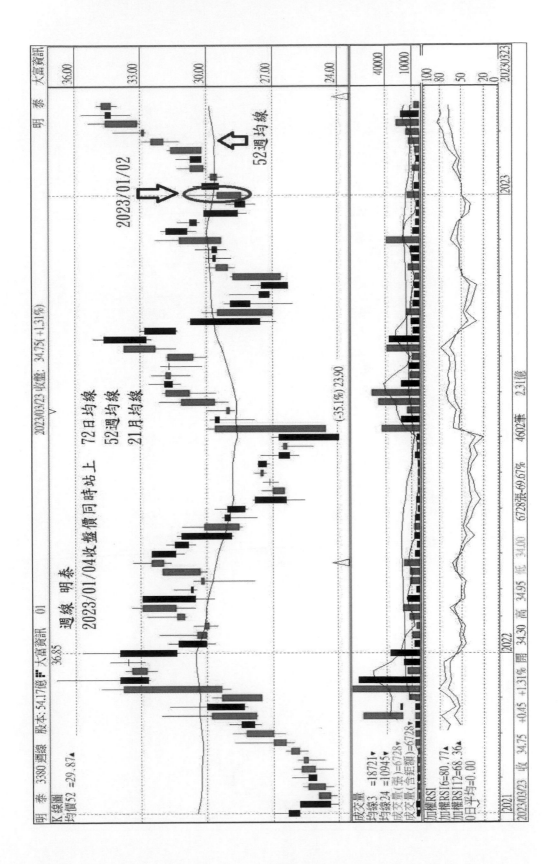

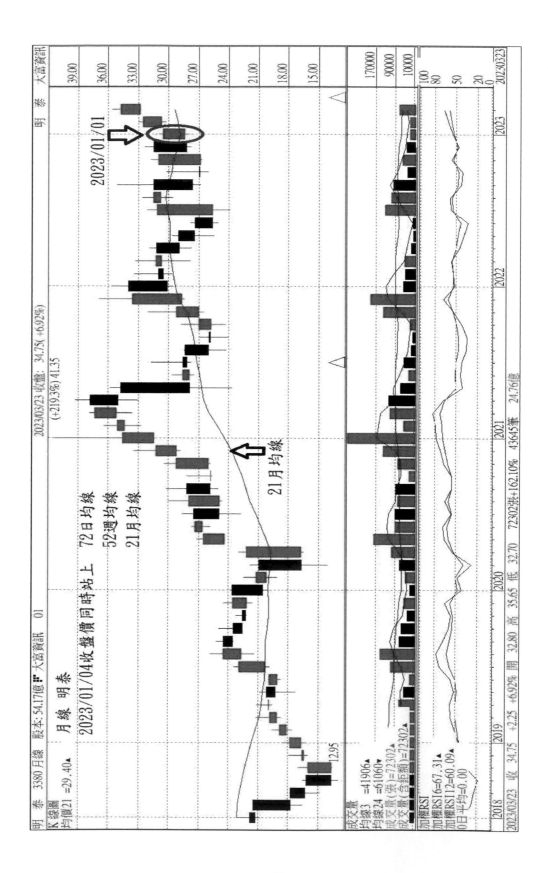

71

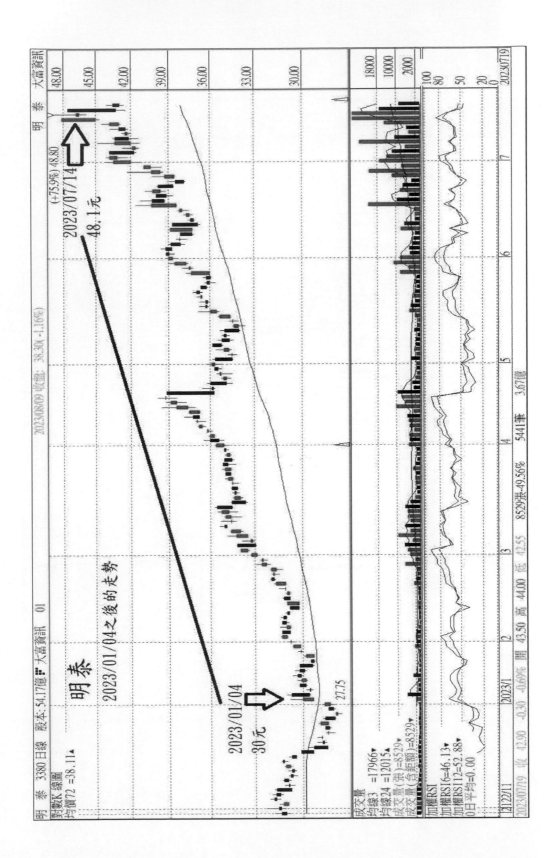

明泰

2023/01/04之後的走勢

2023/07/14
48.1元

2023/01/04
30元

上揚（6222）

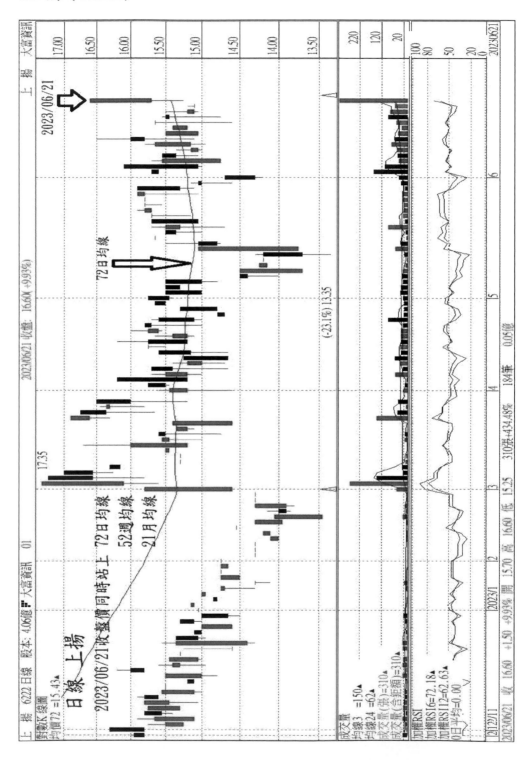

日線 上揚

2023/06/21收盤買賣同時站上 72日均線、52週均線、21月均線

72日均線

73

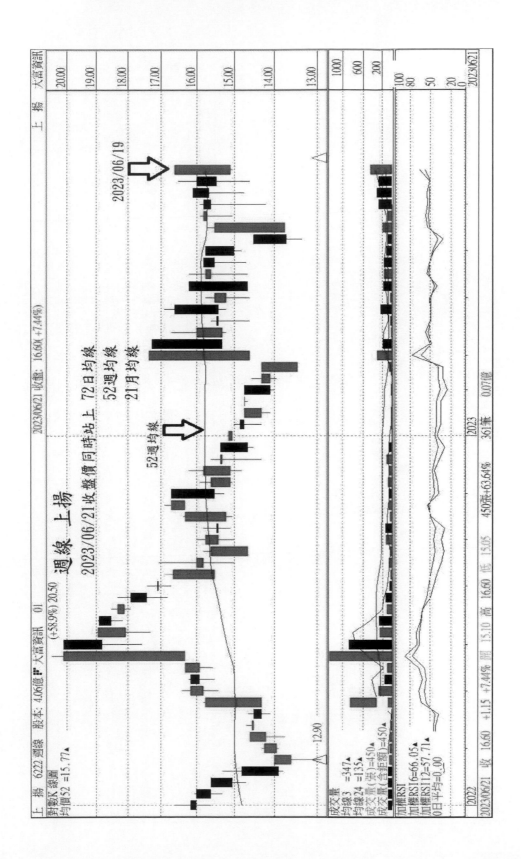

上揚　6222 週線

週線　上揚

2023/06/21收盤價同時站上 72日均線
52週均線
21月均線

52週線

2023/06/19

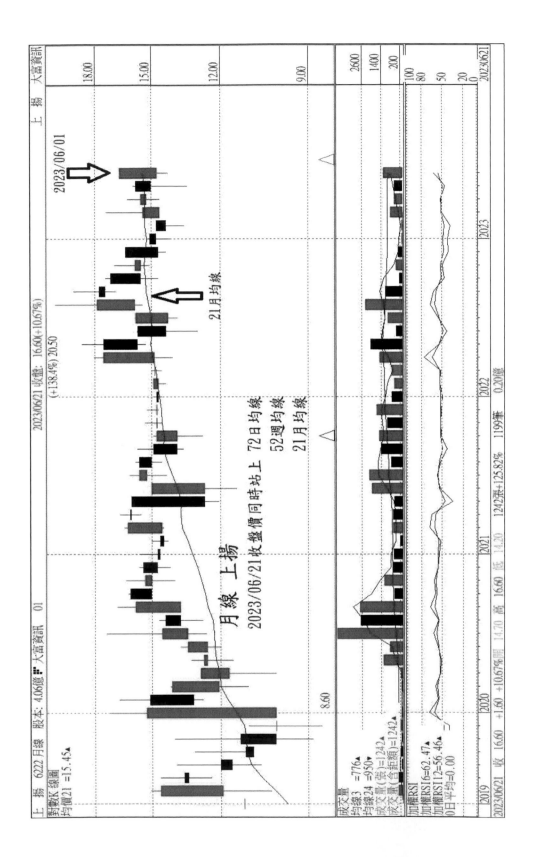

上揚 6222 月線 股本: 4.06億 :::大富資訊 01   2023/06/21 收盤: 16.60(+10.67%)   上 揚 大富資訊

繪製K線圖
均價21 =15.45▲

(+138.4%) 20.50

18.00

15.00

2023/06/01

12.00

21月均線

月線 上揚
2023/06/21收盤價同時站上 72日均線
52週均線
21月均線

9.00

8.60

成交量
均線3   =776▲
均線24   =950▼
成交量(張)   =1242▲
成交量(含鉅額)=1242▲

2600

1400

200

加權RSI
加權RSI6=62.47▲
加權RSI12=56.46▲
0日平均=0.00

100
80
50
20
0

2019   2020   2021   2022   2023   20230621
2023/06/21 收 16.60 +1.60 +10.67% 開 14.70 高 16.60 低 14.20 量 1242張+125.82% 1199筆 0.20盤

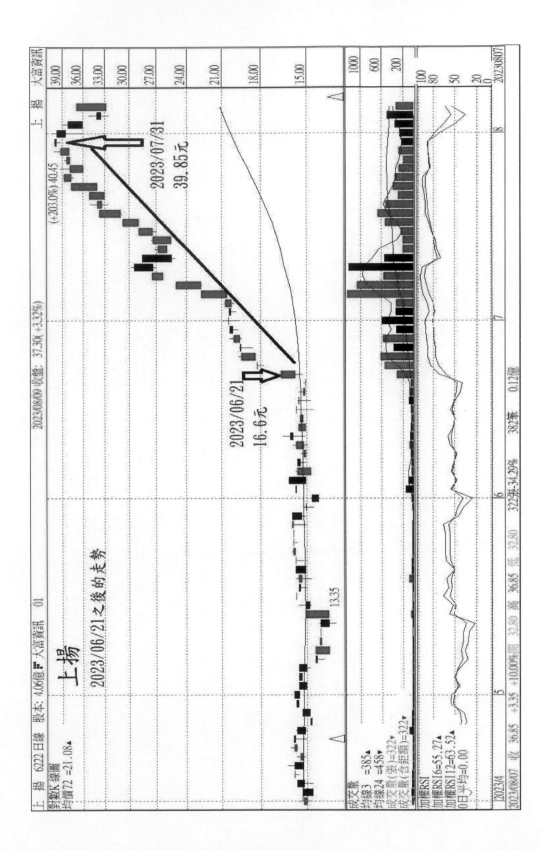

慧友 (5484)

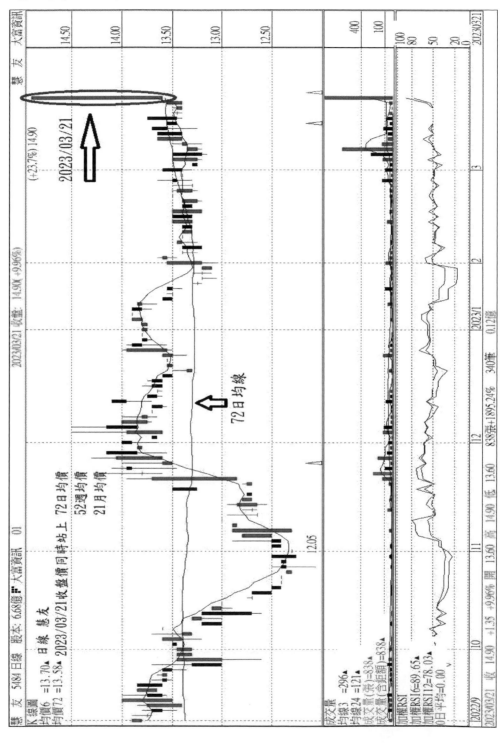

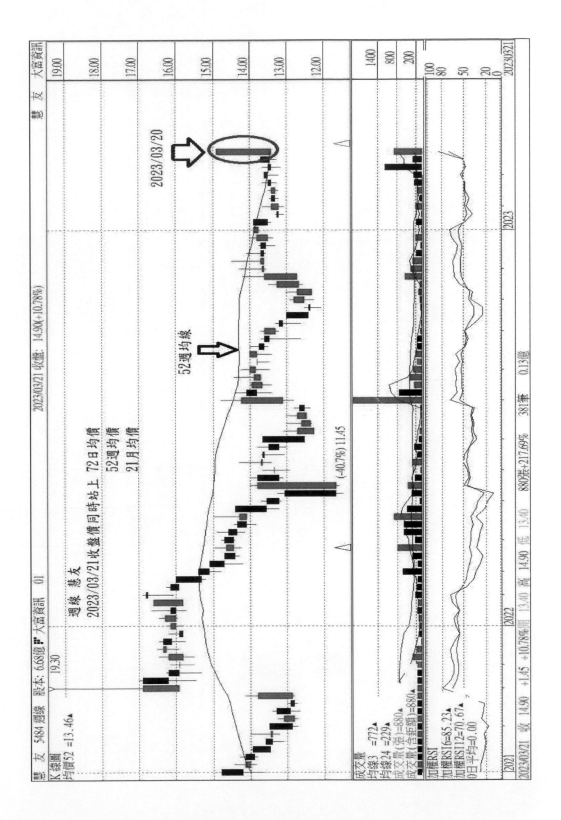

慧　友　5484 週線　股本: 6.68億 ░ 大富資訊　2023/03/21 收盤: 14.90(+10.78%)　　　　　　　　慧　友　大富資訊

週線 慧友
2023/03/21收盤價同時站上 72日均價
52週均價
21月均價

52週均線

2023/03/20

(-40.7%)11.45

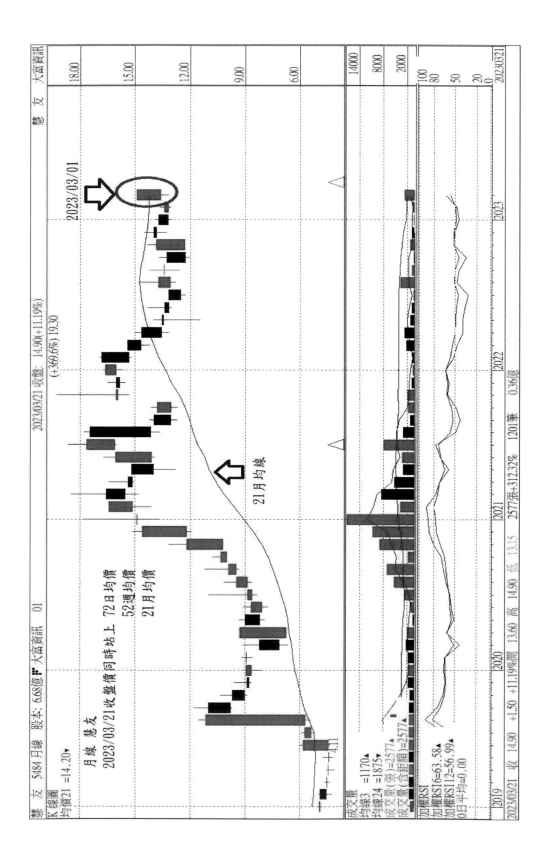

慧友 5484 月線　股本: 6.68億 :::大富資訊 01　　　　2023/03/21 收盤 14.90(+11.19%)　　　　　慧友　大富資訊

K線圖
均價21 =14.20▾

月線 慧友
2023/03/21 收盤價同時站上　72日均價
　　　　　　　　　　52週均價
　　　　　　　　　　21月均價

2023/03/21 收盤 14.90(+11.19%)
(+369.6%) 19.30

2023/03/01

21月均線

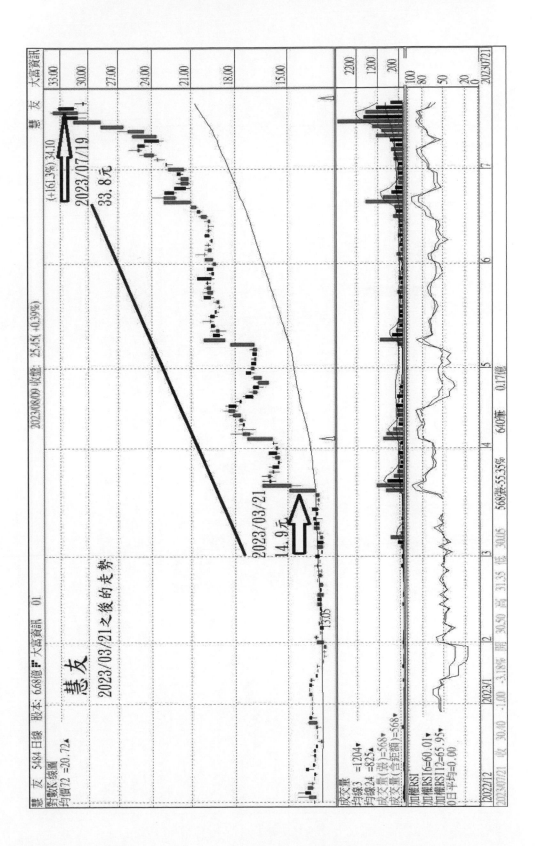

慧友 5484 日線 股本: 6.68億 🎯大富資訊 01 2023/08/09 收盤: 25.45(+0.39%) 慧 友 大富資訊

對數K線圖
均價72 =20.72▲

慧 友

2023/03/21之後的走勢

(+161.3%) 34.10
2023/07/19.

33.8元

2023/03/21
14.9元

13.05

成交量
均線3 =1204▼
均線24 =825▲
成交量(張) =568▼
成交量筆(含距離)=568▲

加權RSI
加權RSI6=60.01▼
加權RSI12=65.95▲
0日平均=0.00

2022/12   收 30.40   收 -1.00 -3.18% 2023/07/21 2023/1   568張-55.35% 640筆 0.17億
開 30.50 高 31.35 低 30.05

80

威盛（2388）

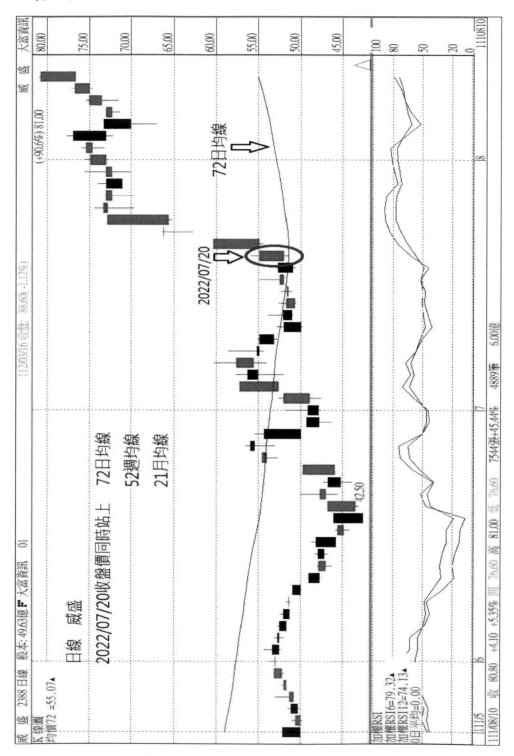

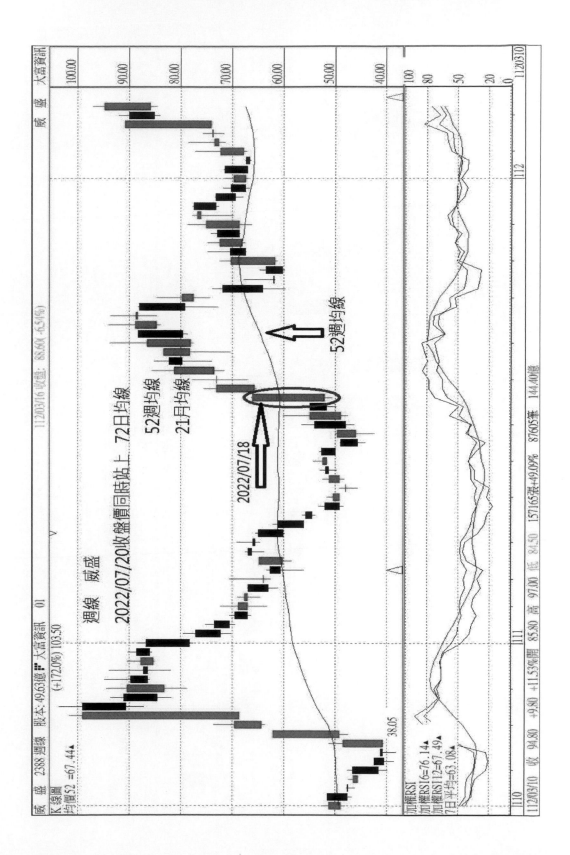

威盛 2388 週線 股本:49.63億 大富資訊 01 112/03/10 收盤: 88.60 -6.34%

(+172.0%) 103.50

威 盛 大富資訊

週線 威盛

2022.07/20收盤價同時站上 72日均線

52週均線

21月均線

2022/07/18

52週均線

38.05

加權RSI
加權RSI6=76.14▲
加權RSI12=67.49▲
7日平均=63.08▲

收 94.80 +9.80 +11.53% 開 85.80 高 97.00 低 84.50 157165張 +49.09% 8765筆 144.40億

82

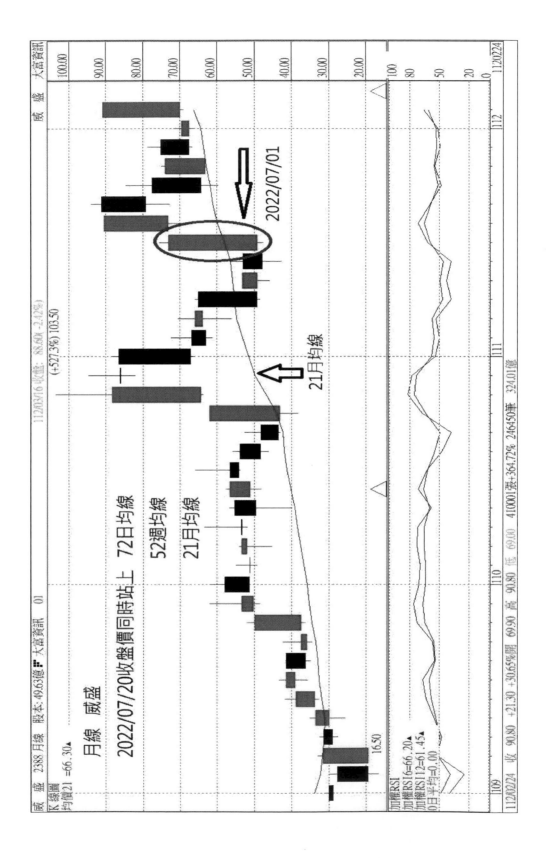

威盛

月線 威盛
2022/07/20收盤價同時站上 72日均線
52週均線
21月均線

2022/07/01

21月均線

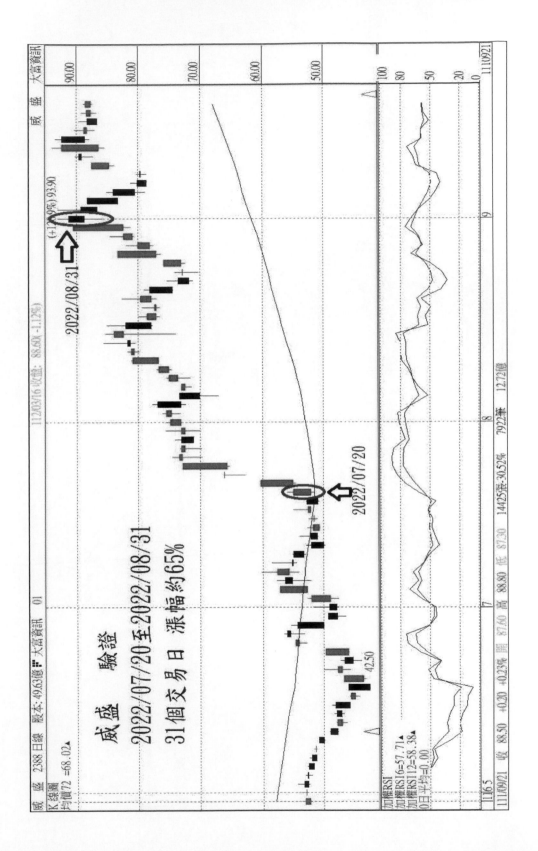

威盛
驗證
2022/07/20至2022/08/31
31個交易日 漲幅 約65%

2022/08/31

2022/07/20

84

台端（3432）

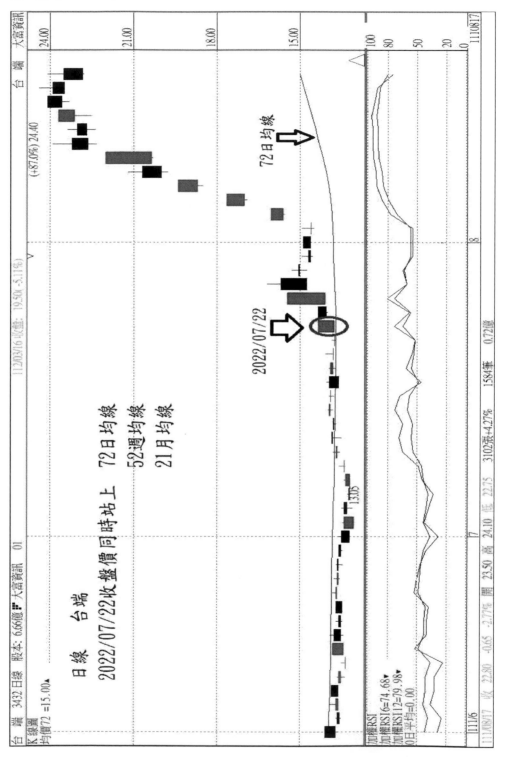

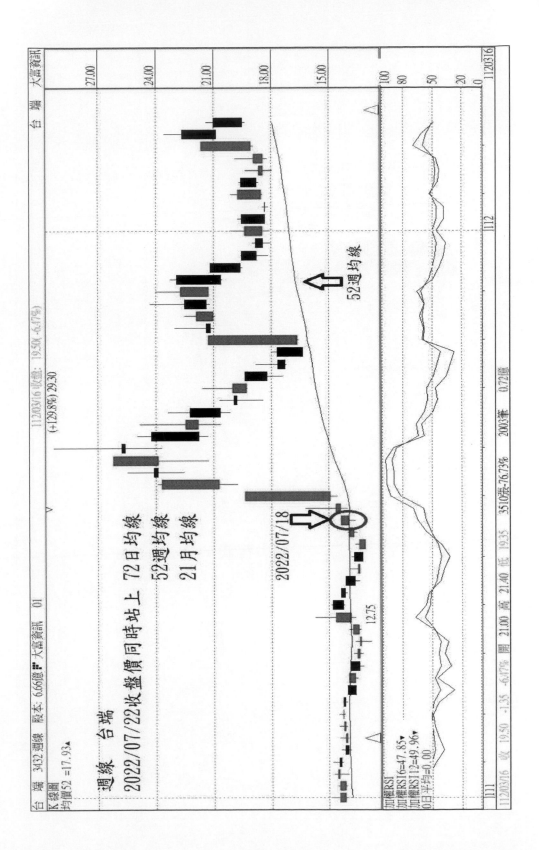

86

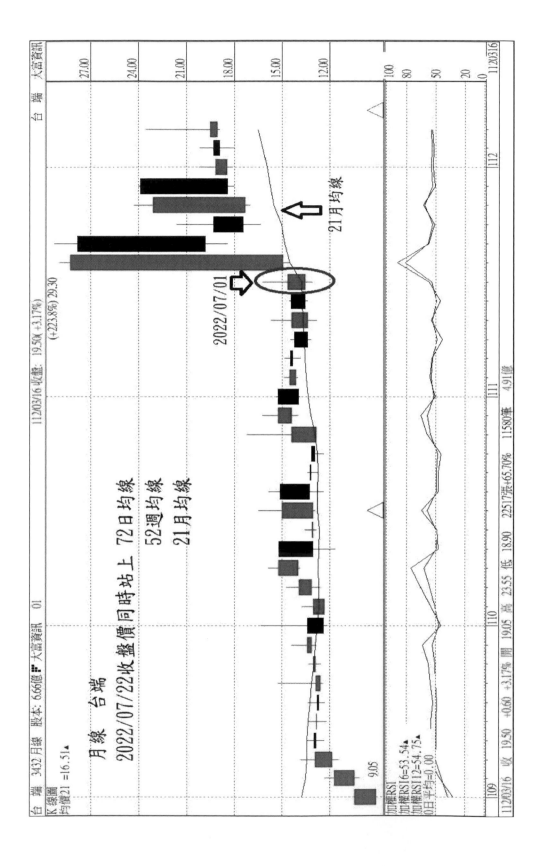

月線　台端
2022/07/22收盤價同時站上 72日均線
52週均線
21月均線

21月均線

2022/07/01

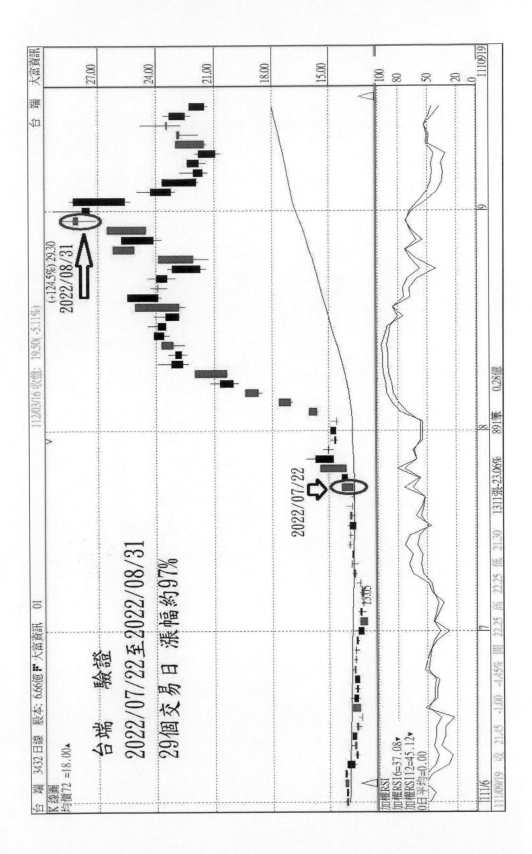

台端　驗證
2022/07/22至2022/08/31
29個交易日　漲幅約97%

88

愛地雅(8933)

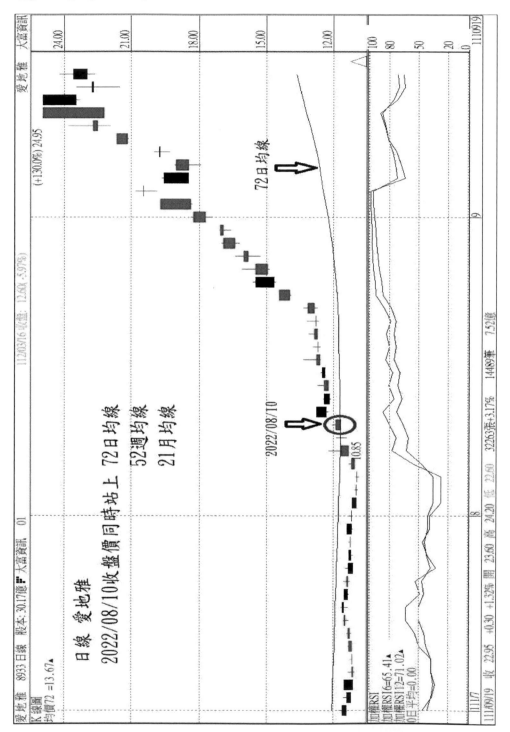

日線 愛地雅
2022/08/10收盤價同時站上 72日均線
52週均線
21月均線

72日均線

2022/08/10

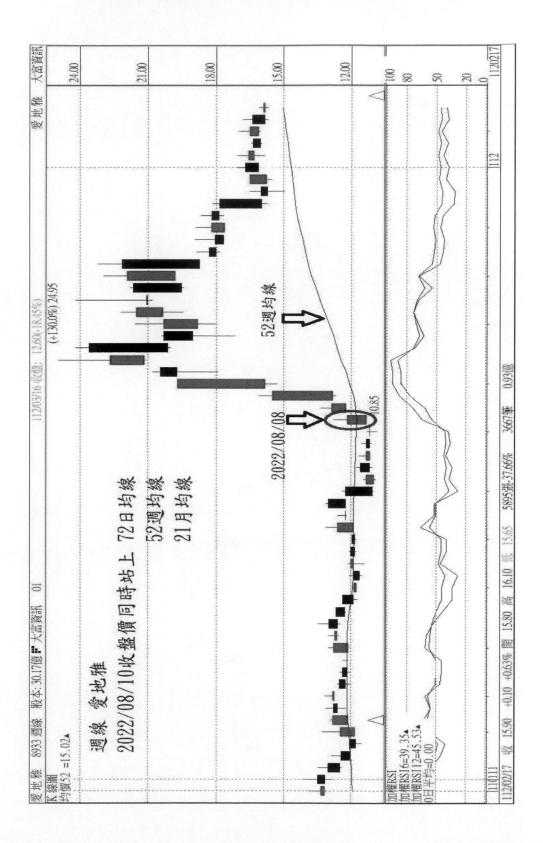

週線 愛地雅

2022/08/10收盤價同時站上 72日均線
                          52週均線
                          21月均線

52週均線

2022/08/08

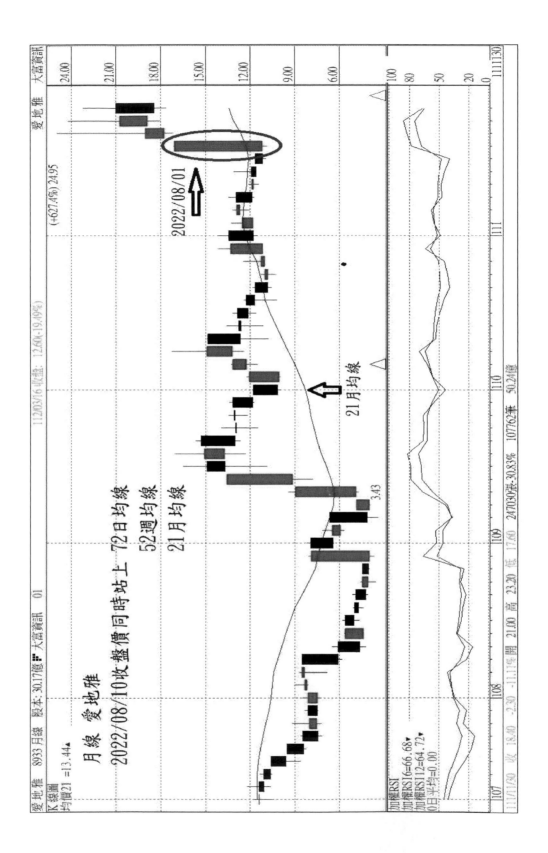

91

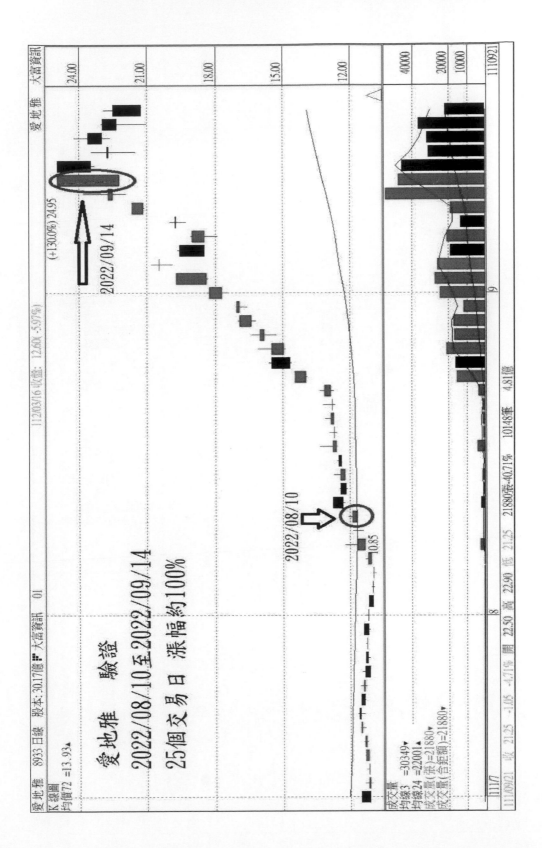

愛地雅　驗證
2022/08/10至2022/09/14
25個交易日 漲幅 約100%

日馳（1526）

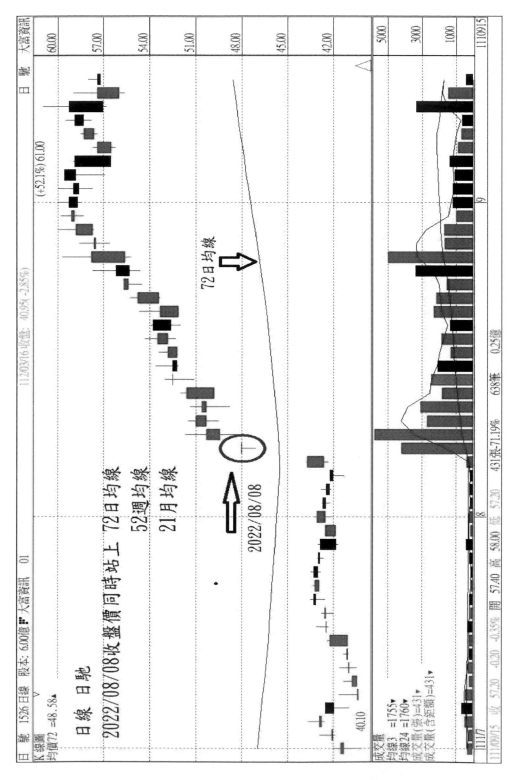

日線 日馳
2022/08/08收盤價同時站上 72日均線
52週均線
21月均線

72日均線

2022/08/08

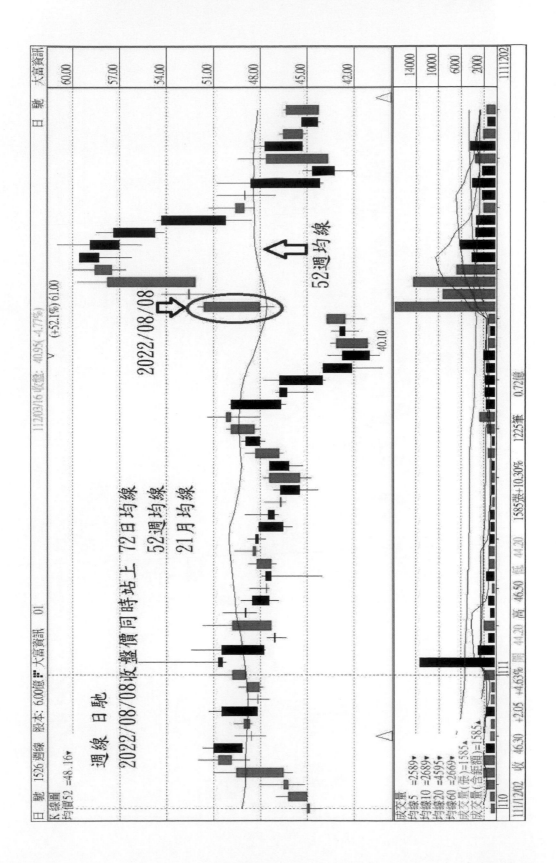

94

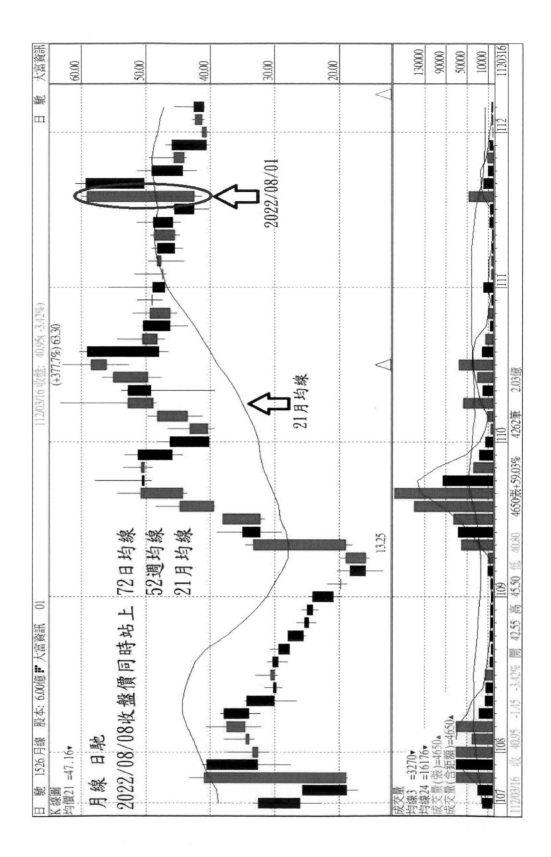

月線 日馳
2022/08/08收盤價同時站上 72日均線
52週均線
21月均線

21月均線

2022/08/01

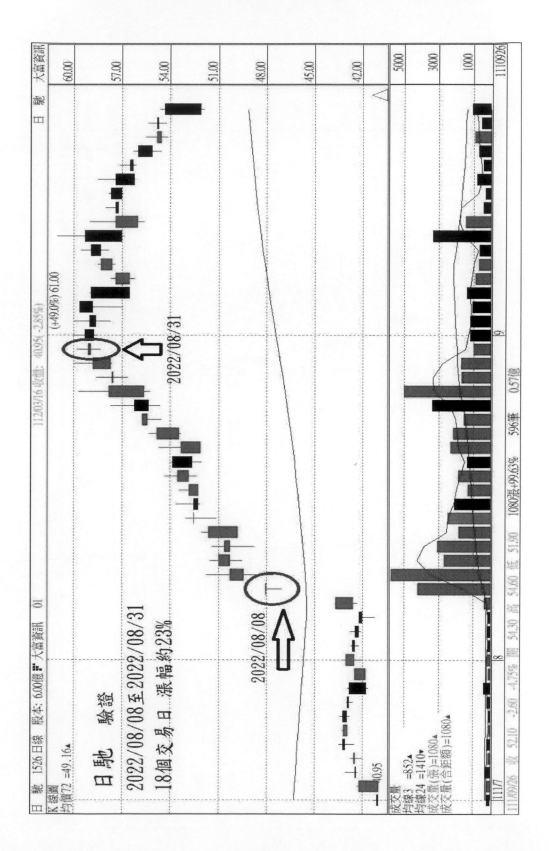

日 馳　驗證

2022/08/08 至 2022/08/31

18個交易日 漲幅 約23%

2022/08/08

2022/08/31

偉聯(9912)

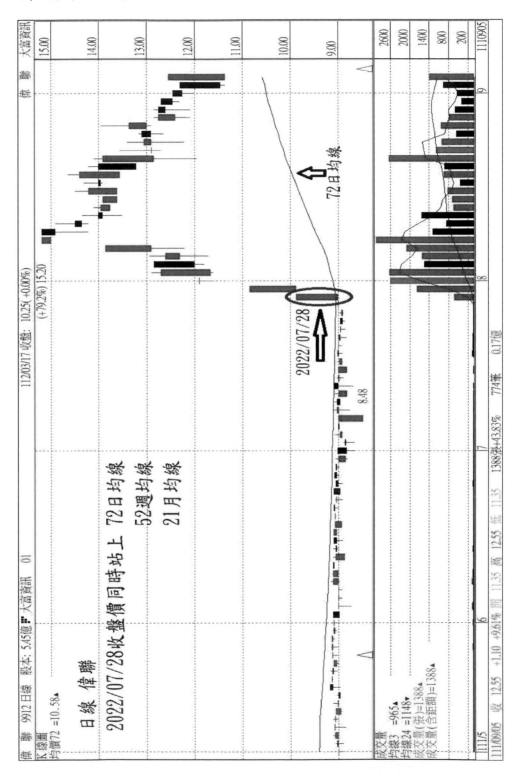

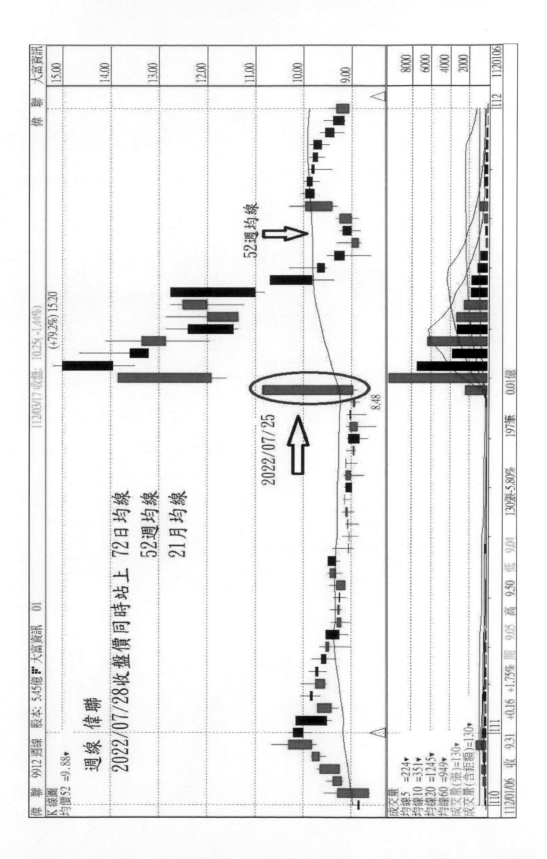

98

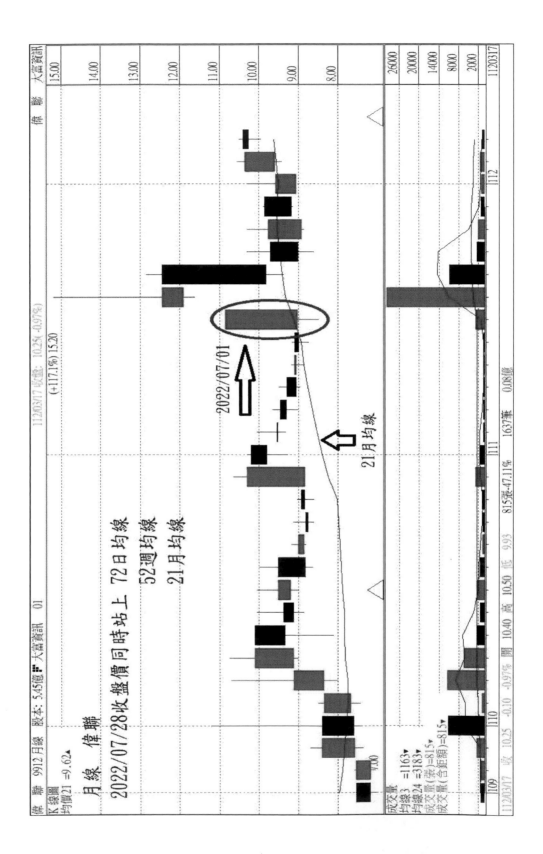

月線　偉聯

月線　偉聯　2022/07/28收盤價同時站上　72日均線
　　　　　　　　　　　　　　　　　　52週均線
　　　　　　　　　　　　　　　　　　21月均線

2022/07/01

21月均線

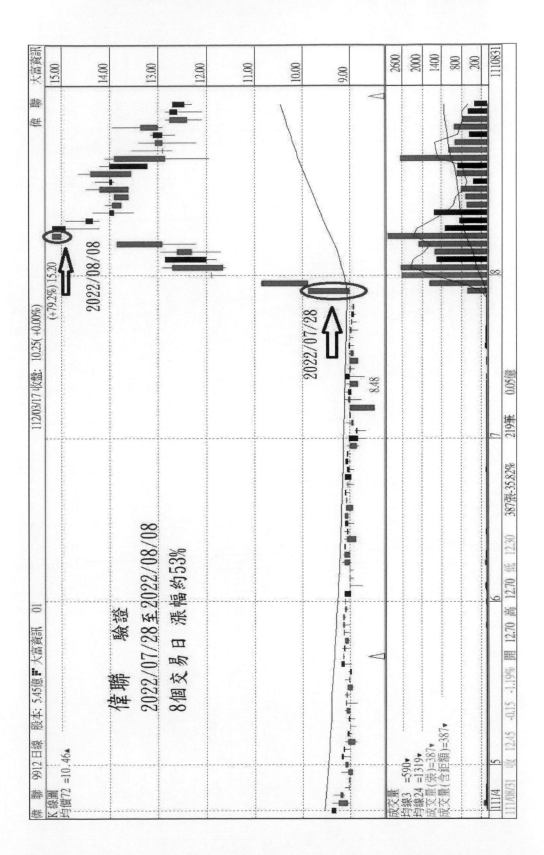

偉聯 驗證
2022/07/28 至 2022/08/08
8 個交易日 漲幅 約 53%

2022/08/08

(+79.2%) 15.20

2022/07/28

8.48

寬魚國際(6101)

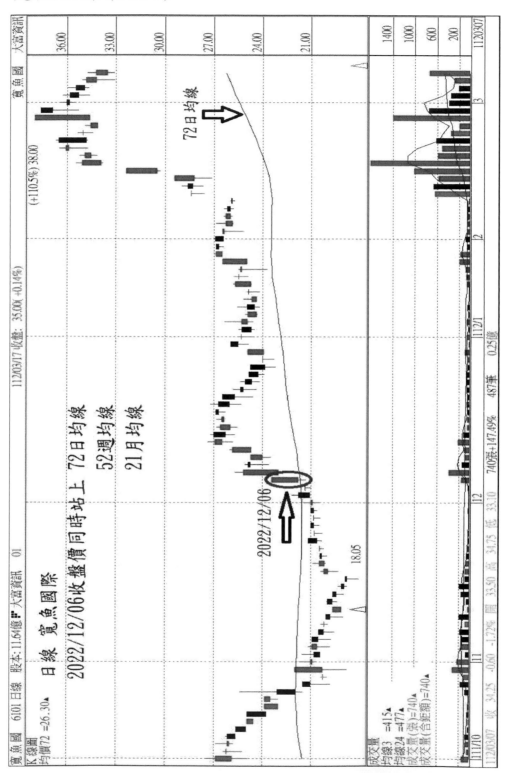

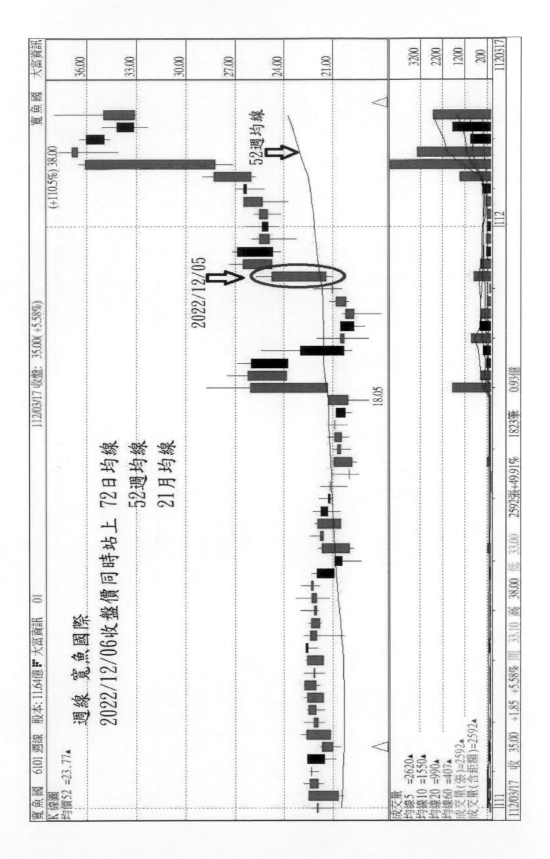

週線　寬魚國際

2022/12/06收盤價同時站上 72日均線
　　　　　　　　　　　 52週均線
　　　　　　　　　　　 21月均線

52週均線

2022/12/05

102

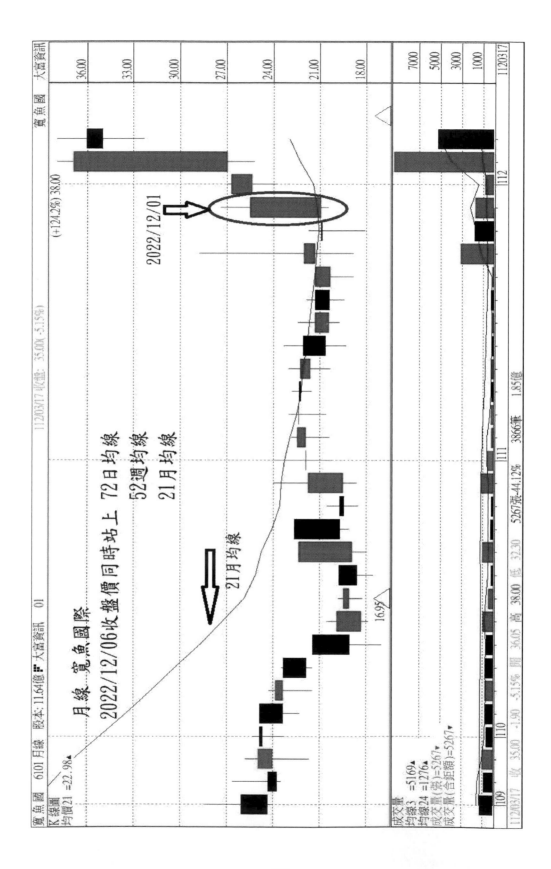

月線 寬魚國際
2022/12/06收盤價同時站上 72日均線
52週均線
21月均線

2022/12/01

21月均線

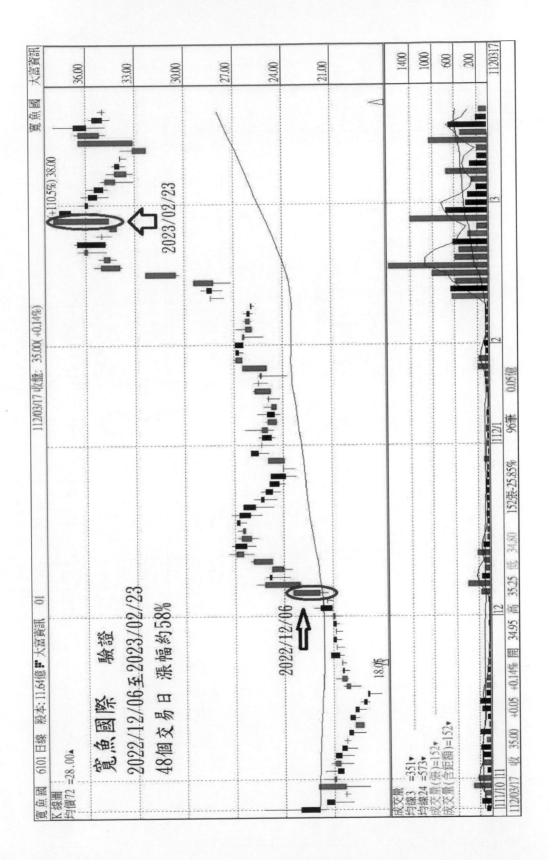

覓魚國際　驗證
2022/12/06至2023/02/23
48個交易日　漲幅約58%

裕隆（2201）

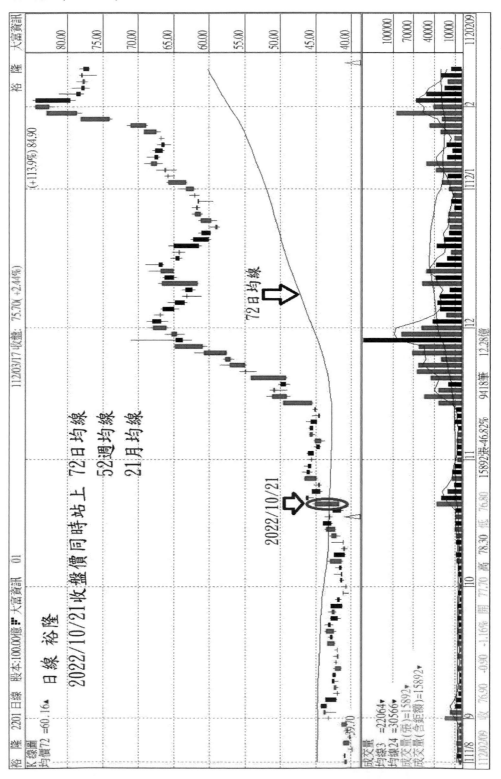

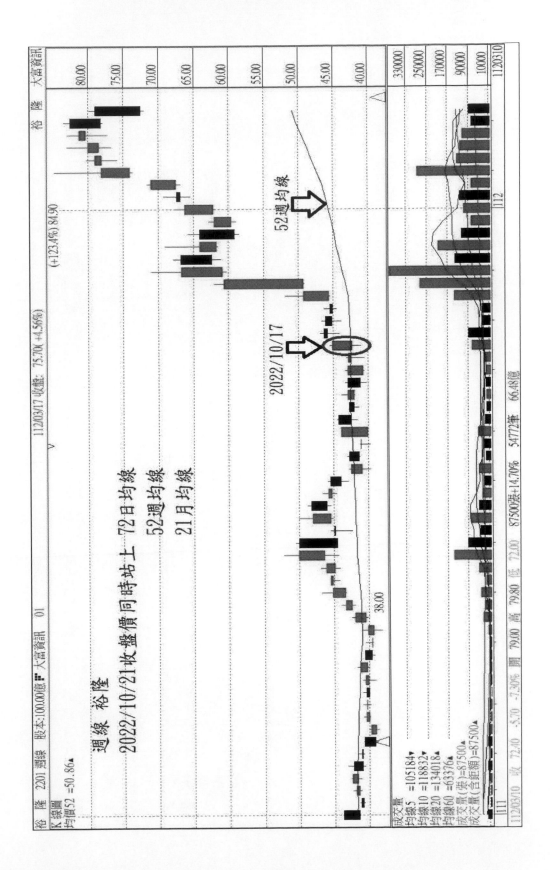

週線　裕隆

2022/10/21收盤價同時站上　72日均線
　　　　　　　　　　　　52週均線
　　　　　　　　　　　　21月均線

52週均線

2022/10/17

106

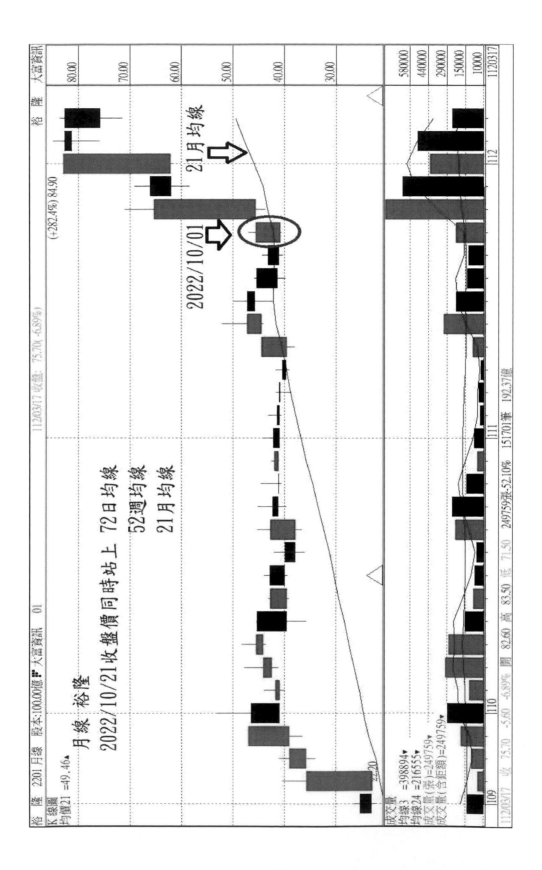

月線 裕隆
2022/10/21收盤價同時站上 72日均線
52週均線
21月均線

21月均線

2022/10/01

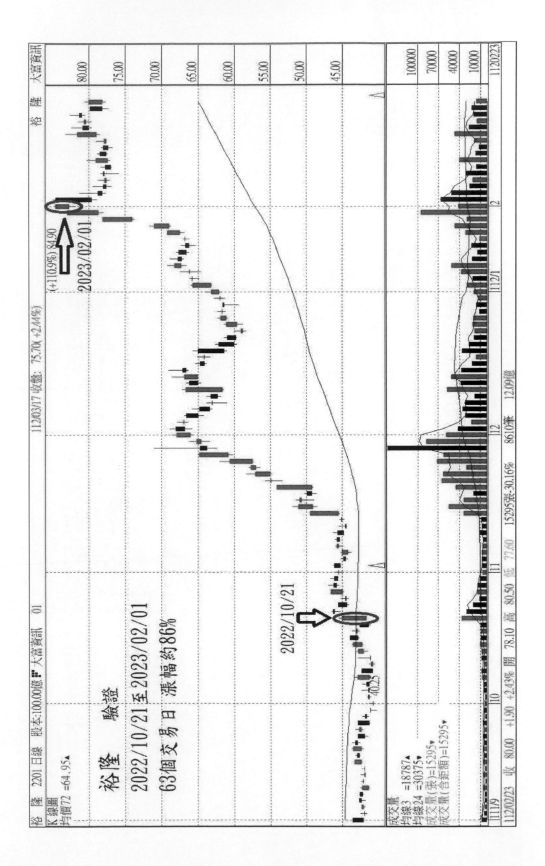

裕　隆　2201 日線　股本:100.00億 ☷ 大富資訊　01　　　　　　1120/03/17 收盤: 75.70 (+2.44%)　　　　　　裕　隆　大富資訊

K線圖
均價72 =64.95▲

裕隆　　驗證
2022/10/21 至 2023/02/01
63個交易日 漲幅 約86%

2023/02/01
(+110.9%) 84.90

2022/10/21

成交量
均線3 =18787▲
均線24 =3035▼
成交量(漲)=15295▼
成交量(含鉅額)=15295▼

1120/02/23　收　80.00　+1.90　+2.43%　開　78.10　高　80.50　低　77.60　15295張漲-30.16%　8610筆　12.09億　　　　　　1120223

瑞昱(2379)⋯這檔是空頭走勢

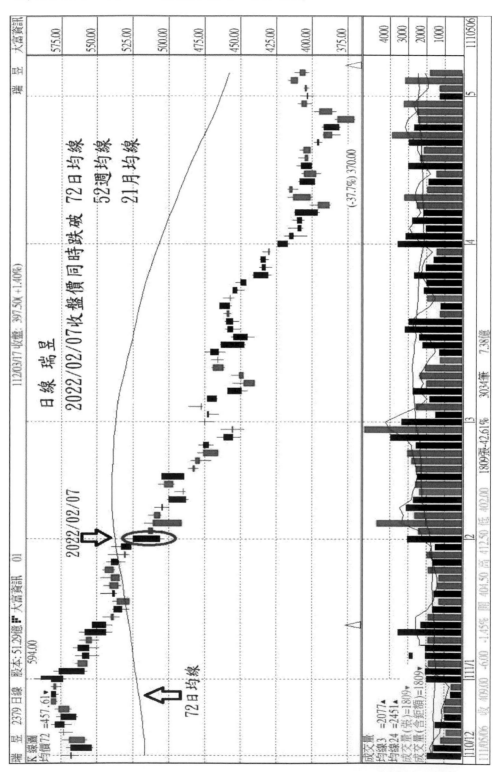

日線 瑞 昱

2022/02/07收盤價同時跌破 72日均線

52週均線

21月均線

2022/02/07

(-37.7%) 370.00

72日均線

109

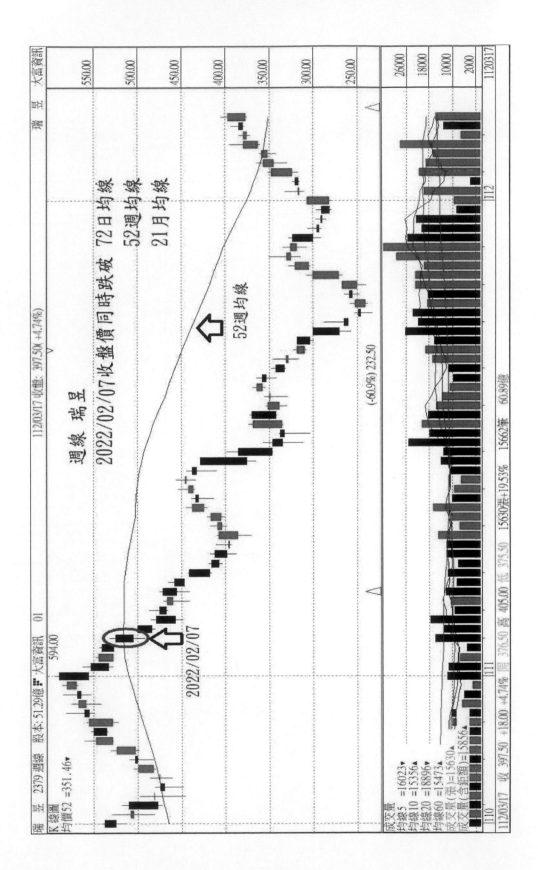

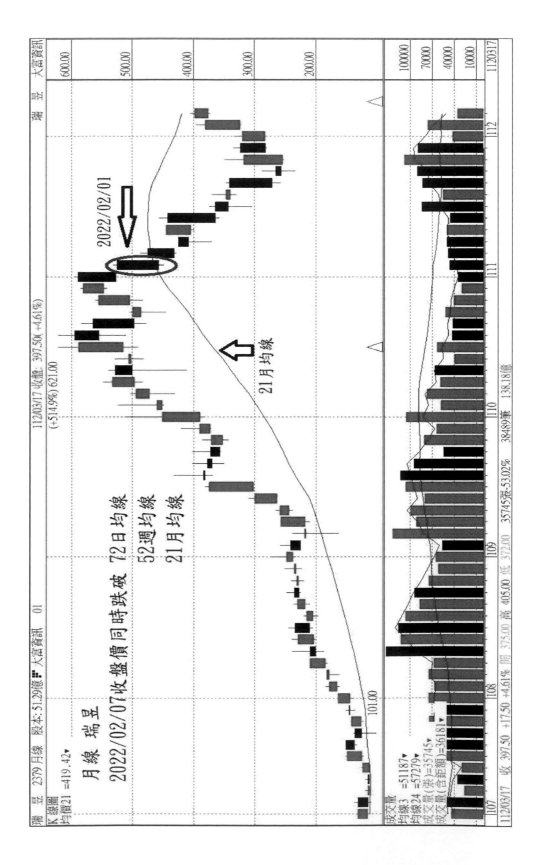

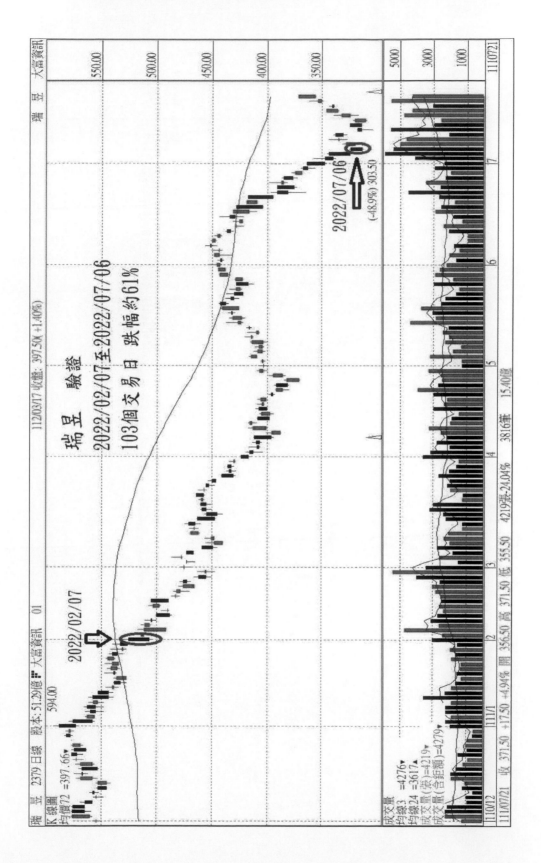

瑞昱 驗證
2022/02/07至2022/07/06
103個交易日 跌幅約61%

2022/07/06
(-48.9%) 303.50

2022/02/07

燿華(2367)

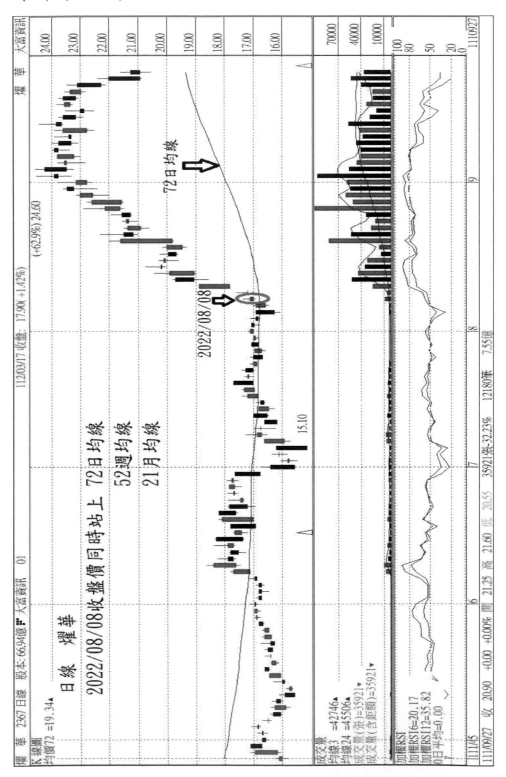

113

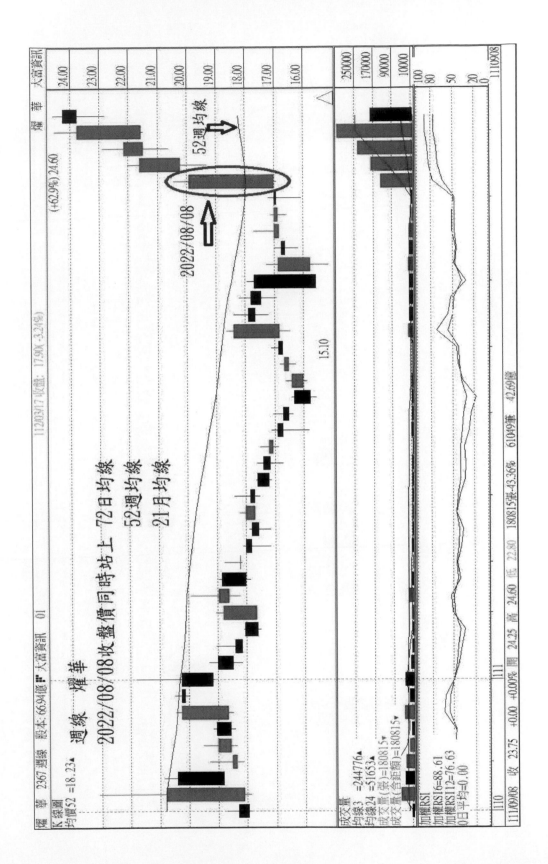

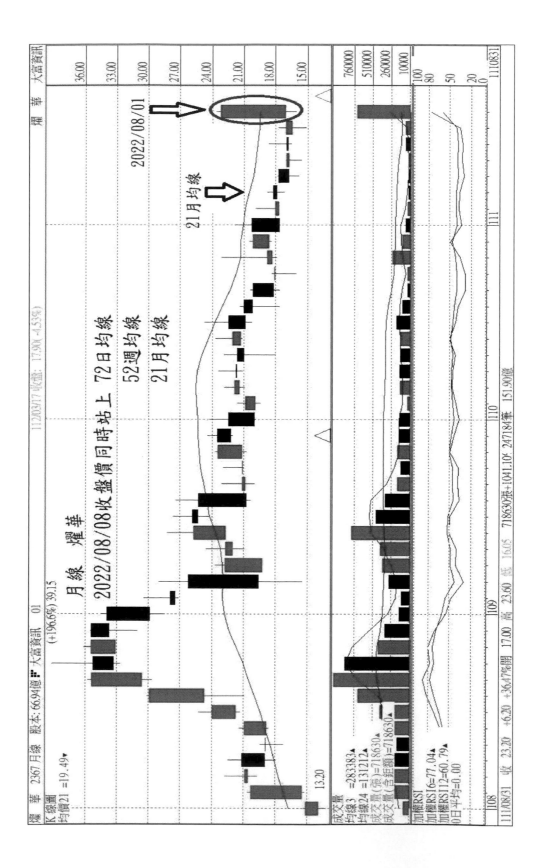

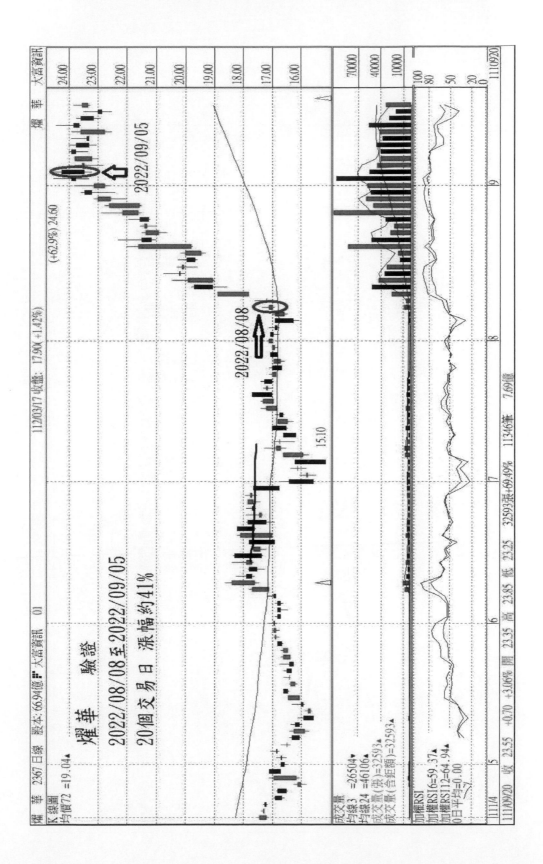

耀華 2367 日線 股本=66.94億 大富資訊 01 11/03/17 收盤: 17.90(+1.42%) 耀 華 大富資訊

K線圖 均價72 = 19.04▲ (+62.9%)24.60

耀 華 驗 證

2022/08/08至2022/09/05

20個交易日 漲幅約41%

2022/09/05

2022/08/08

15.10

成交量 =26504▼
均線3 =4616▲
成交量(張)=32593▲
成交量(含鉅額)=32593▲

加權RSI
加權RSI6=59.37▼
加權RSI12=64.94▲
6日平均=0.00

1111/09/20 收 23.55 +0.70 +3.06% 開 23.35 高 23.85 低 23.25 3293張+69.49% 7.69億 11346筆 1110920

116

合勤控（3704）

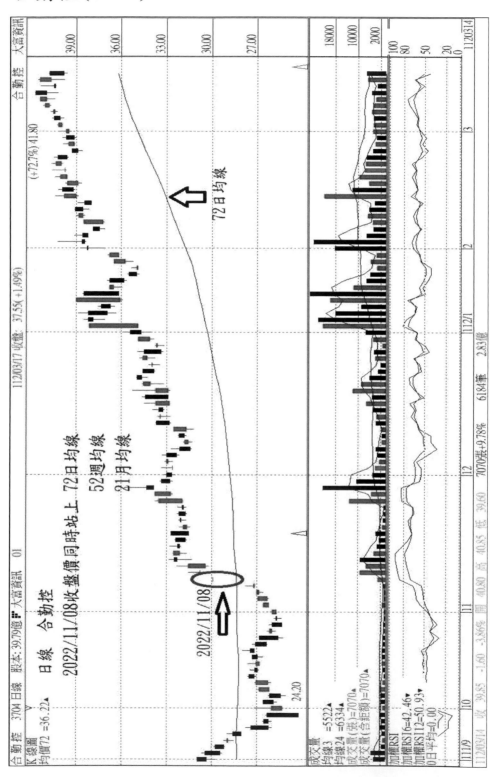

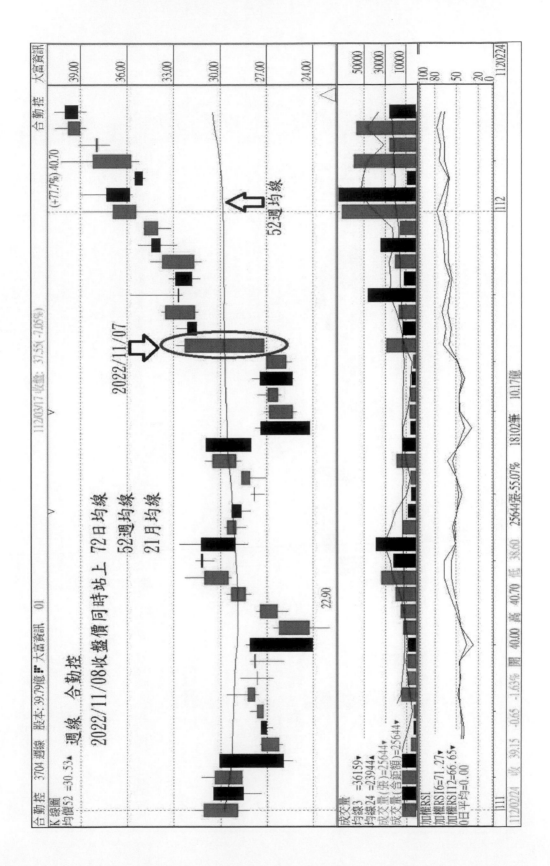

118

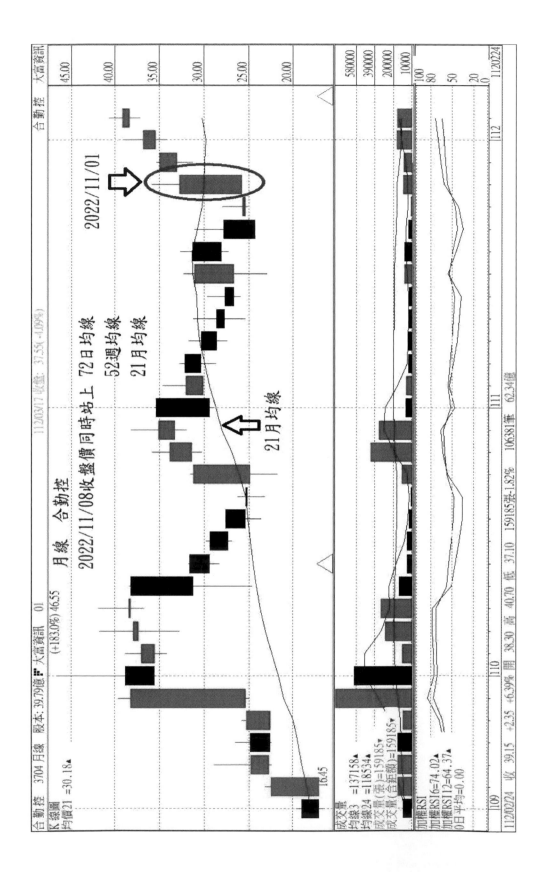

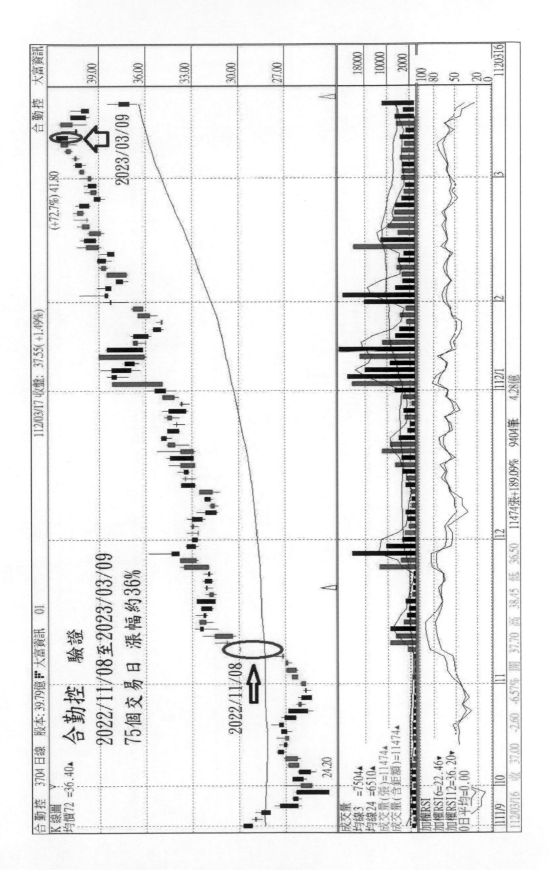

合勤控

2022/11/08至2023/03/09 漲幅約36%

75個交易日 漲幅約36%

驗證

合勤控

2022/11/08

2023/03/09

普安（2495）

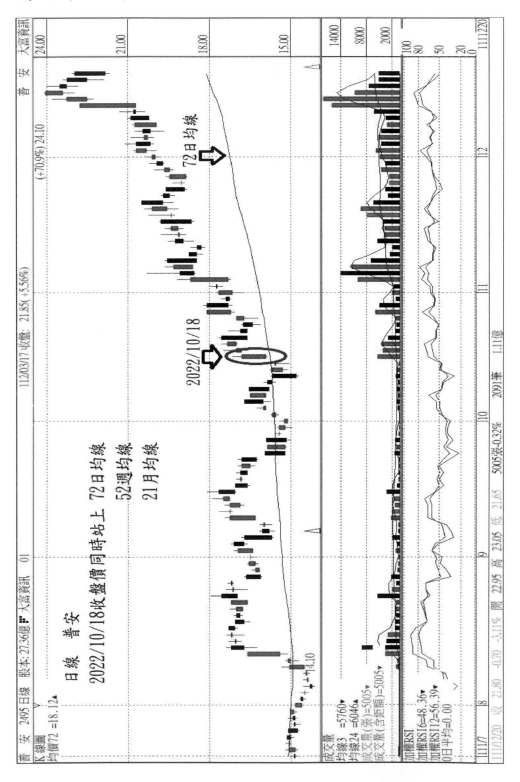

121

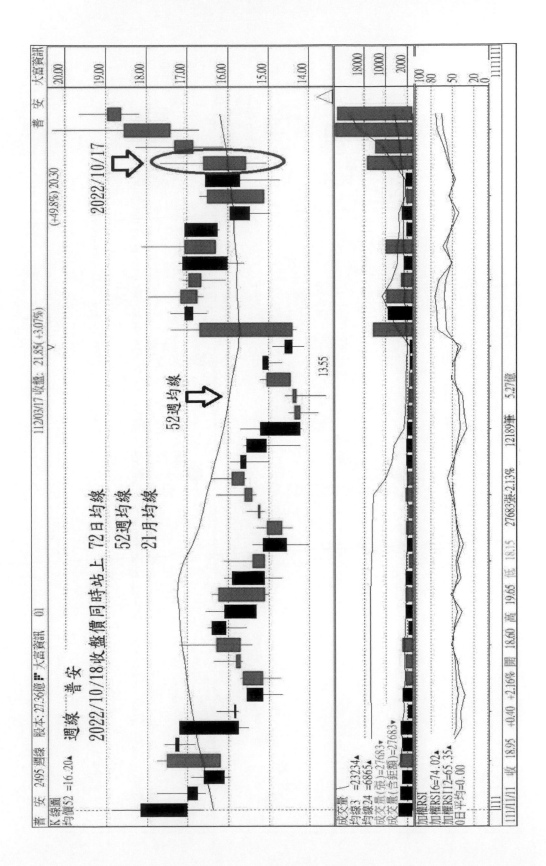

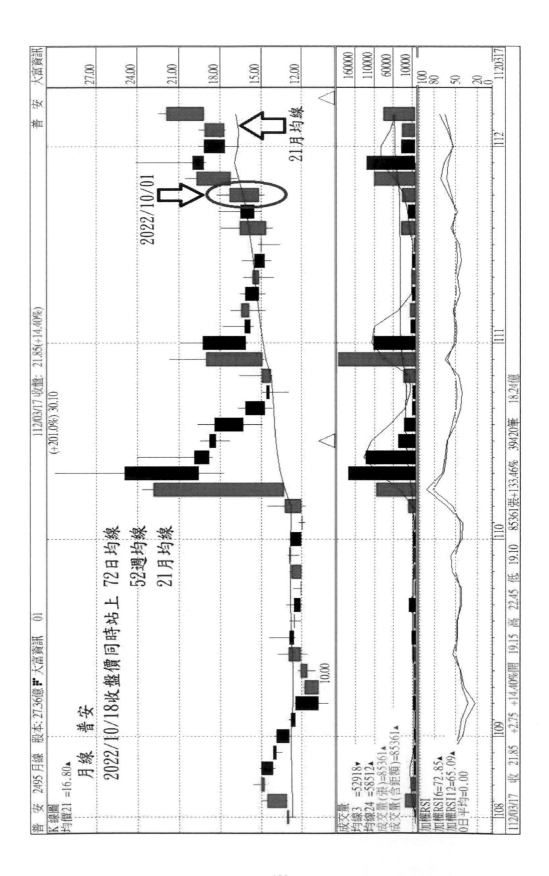

123

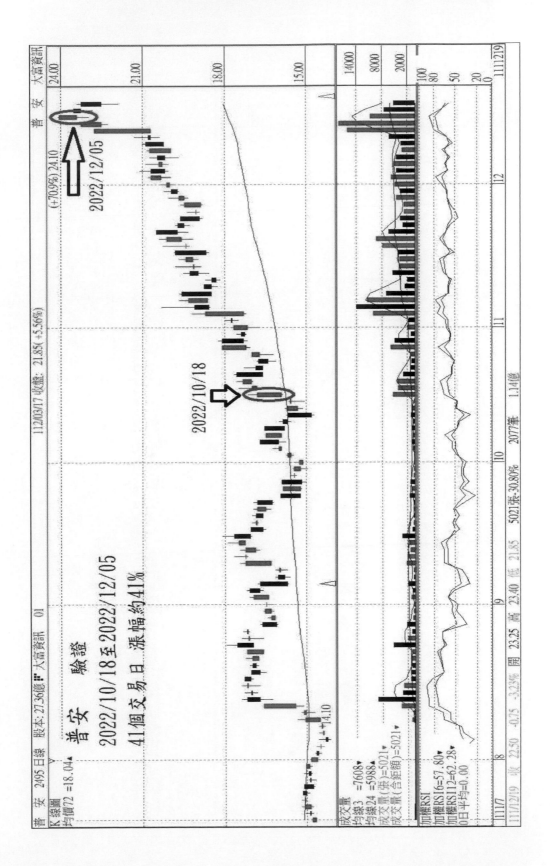

善安 驗證
2022/10/18 至 2022/12/05
41個交易日 漲幅約41%

智邦 (2345)

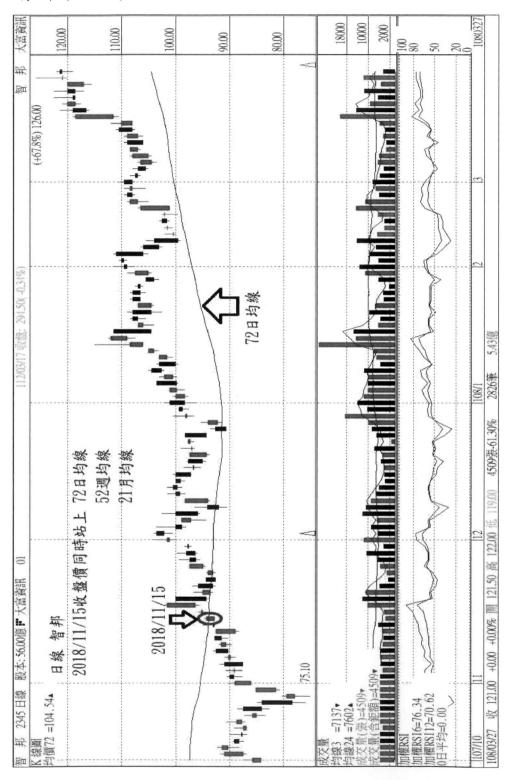

智　邦　2345日線　股本:56.00億 ■"大富資訊　01　　　　　　　112.00/17收盤 291.50(0.3%)

智　邦　2345日線　均債72 =104.54▲

K線圖

日線 智邦

2018/11/15收盤價同時站上 72日均線
　　　　　　　　　　　　52週均線
　　　　　　　　　　　　21月均線

2018/11/15

72日均線

智　邦　(+67.8%)126.00

120.00
110.00
100.00
90.00
80.00
75.10

大富資訊

成交量　=7137▼
均線3　=7137▼
均線24　=7602▲
成交量,賣=4509▼
成交量,合買量=4509

加權RSI
加權RSI6=76.34
加權RSI12=70.62
0日平均=0.00

18000
10000
2000

100
80
50
20

107/10　108/03/27　　收 121.00　+0.00 +0.00%　開 121.50 高 122.00 低 119.00　4509漲+61.30%　2826筆　5.43億　1080327

125

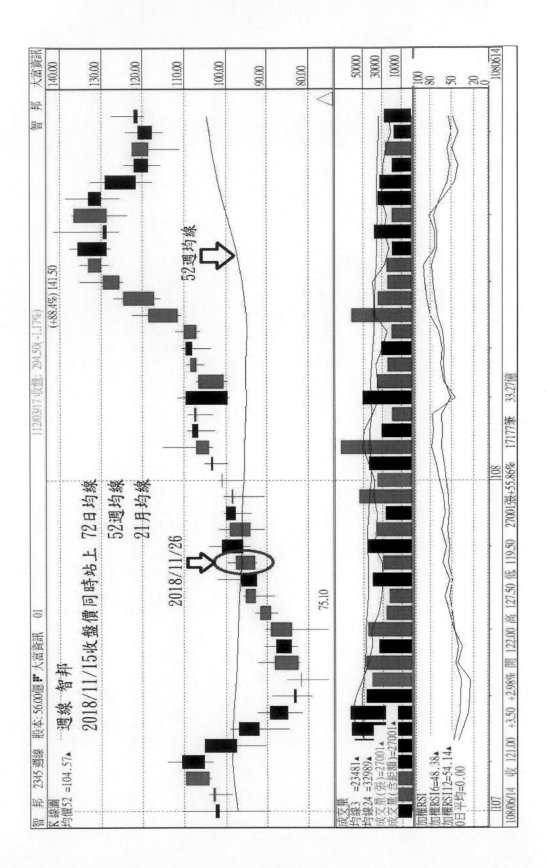

一週線　智邦

2018/11/15收盤價同時站上 72日均線
52週均線
21月均線

52週均線

2018/11/26

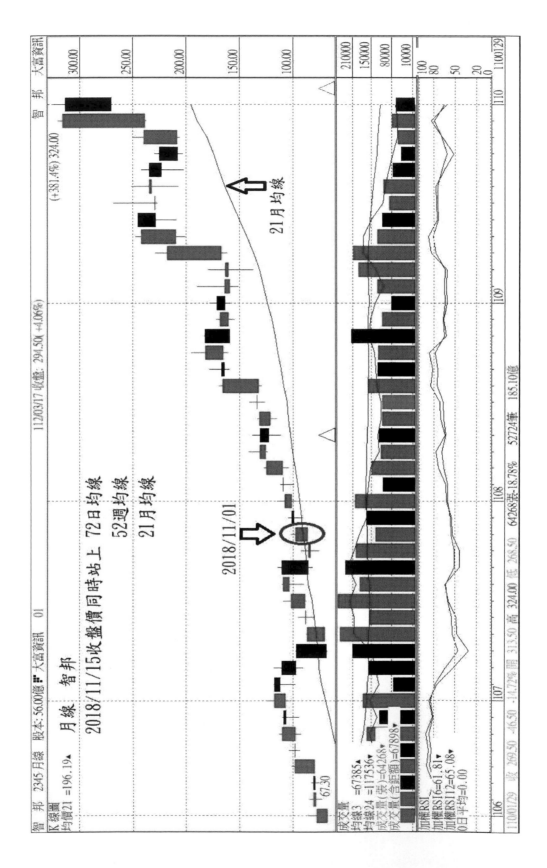

127

聯發科(2454)

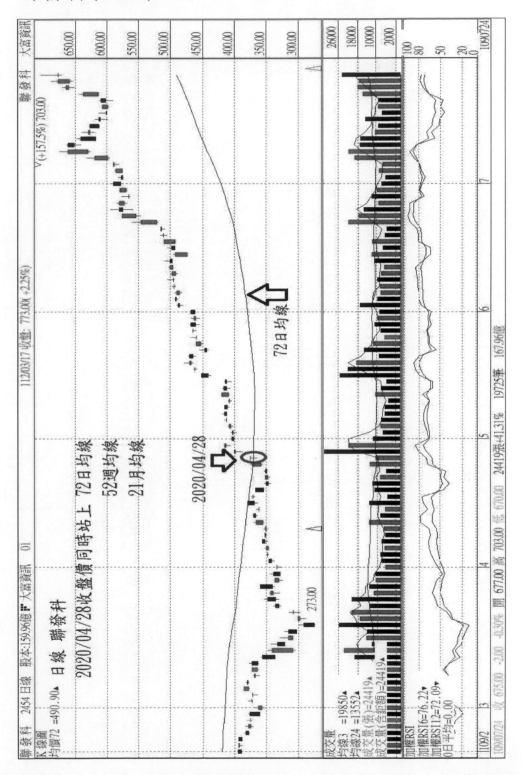

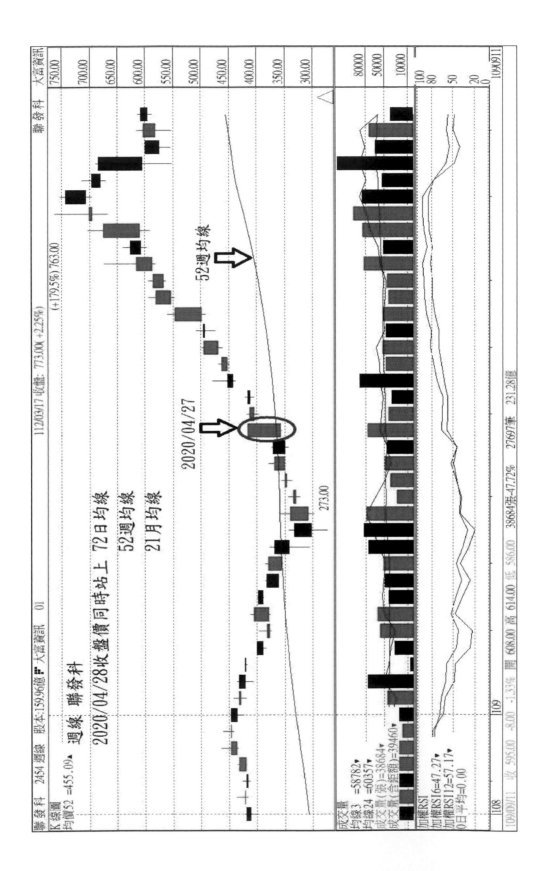

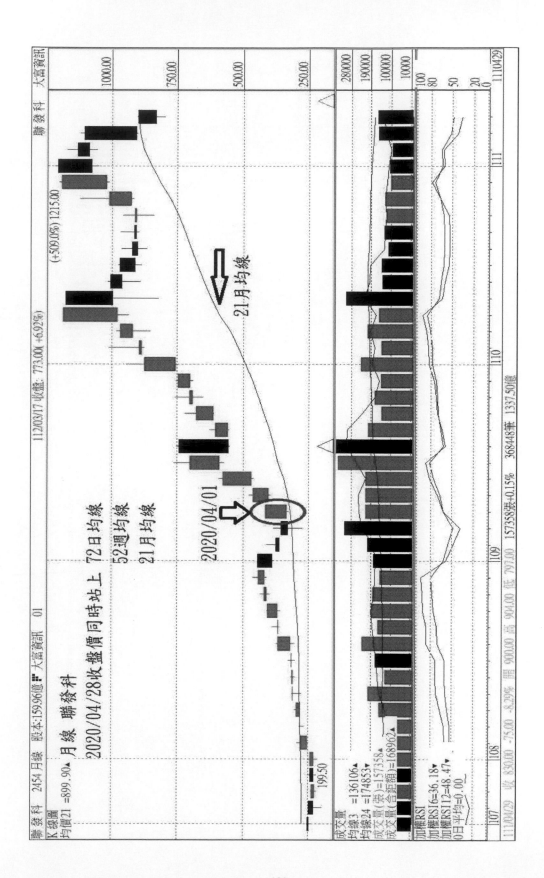

智邦(2345)

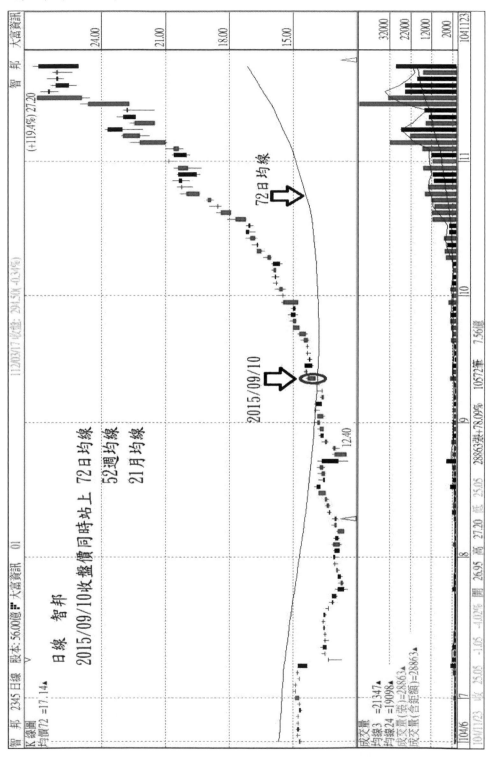

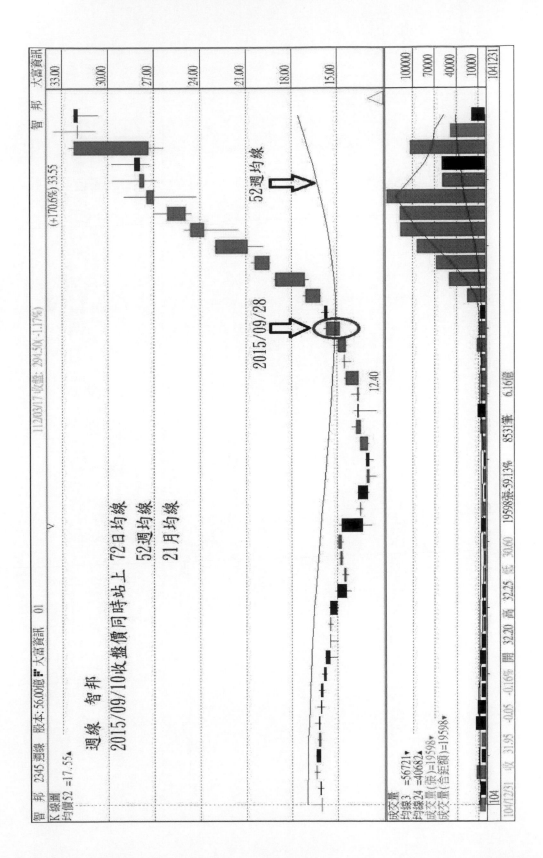

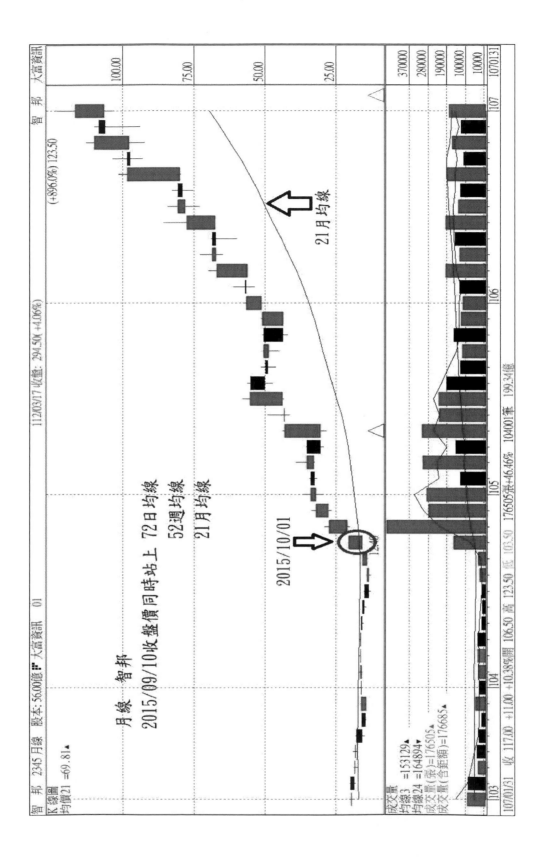

133

陽明（2609）

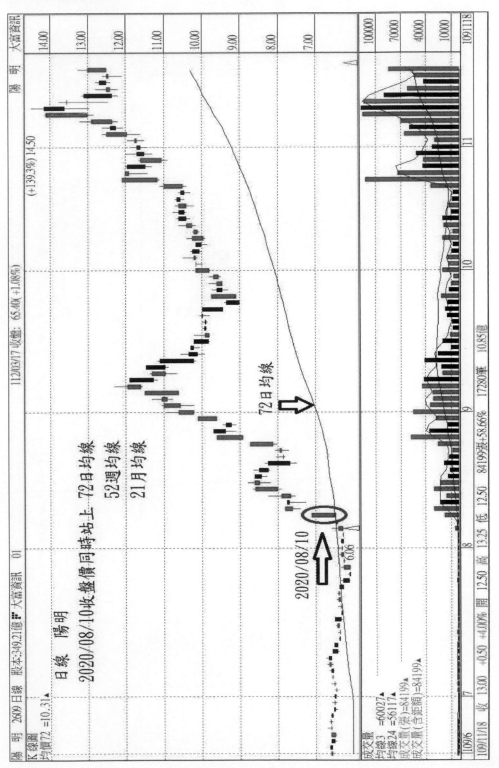

陽 明 2609 日線 股本:349.21億 ⫶ 大富資訊 01   112/03/17 收盤: 65.40 (+1.08%)   陽 明 大富資訊

K線圖
均價72 =10.31▲

日 線　陽 明

2020/08/10收盤價同時站上 72日均線
52週均線
21月均線

72日均線

2020/08/10

6.06

成交量
均線3 =60027▲
均線24 =5617▲
成交量(張)=84199▲
成交量(含鉅額)=84199▲

109/1/18　收 13.00　+0.50 +4.00% 開 12.50 高 13.25 低 12.50　84199張漲+58.66%　17280筆　10.85億

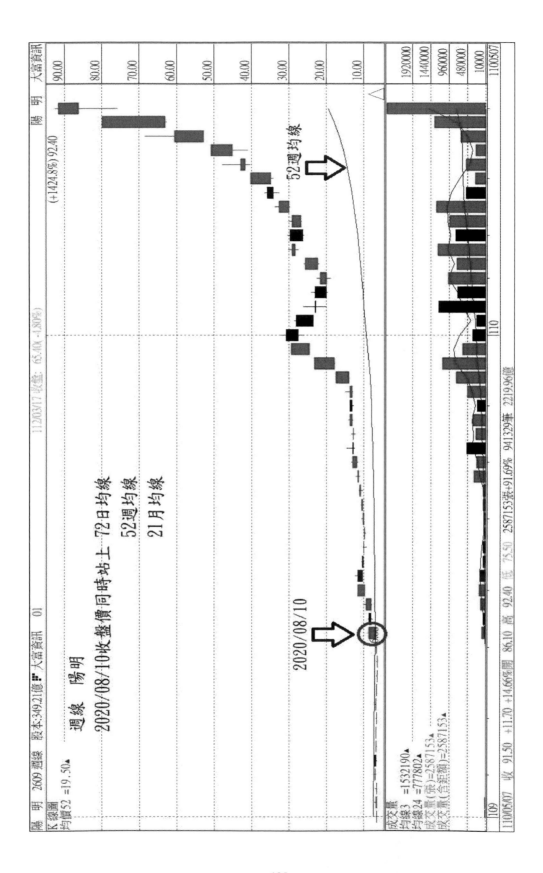

135

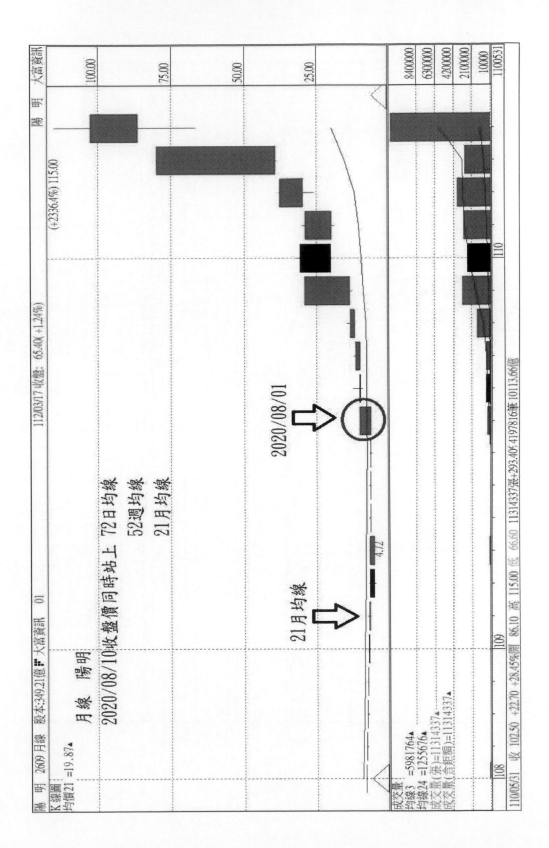

136

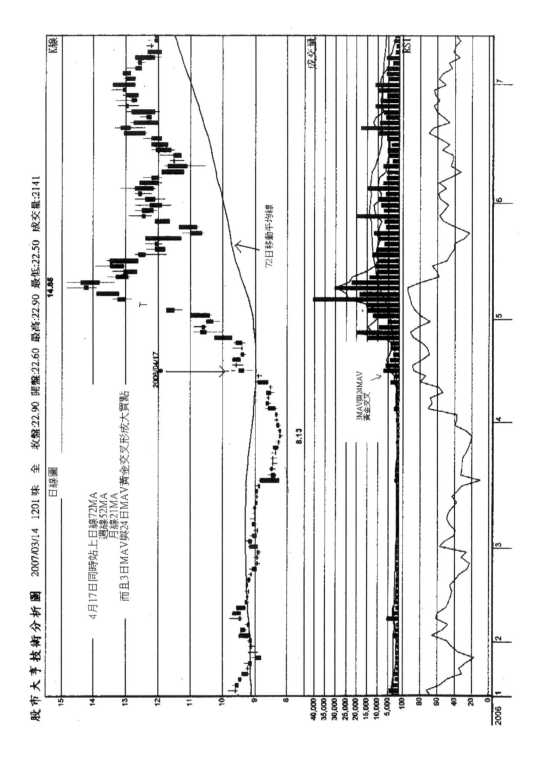

股市大亨技術分析圖　2007/03/14　1201 味　全　收盤:22.90　開盤:22.60　最高:22.90　最低:22.50　成交量:2141

日線圖

K線

14.85

4月17日同時站上日線72MA
週線52MA
月線21MA
而且3日MAV與24日MAV黃金交叉形成大買點

2006/04/17

8.13

72日移動平均線

成交量

3MAV與2MAV
黃金交叉

40,000
35,000
30,000
25,000
20,000
15,000
10,000
5,000
100

RSI

80
60
40
20
0

2006

1　　2　　3　　4　　5　　6　　7

137

股市 大亨 技術分析圖　2007/03/14　1201 味　全　收盤:22.80　開盤:24.00　最高:24.20　最低:22.50　成交量:9497

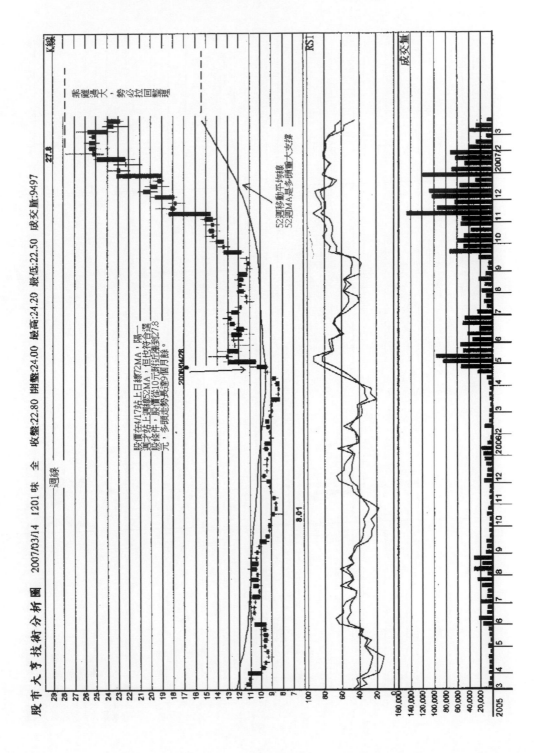

K線

週線

乖離過大，勢必拉回整理

27.8

股價在4/17站上日線72MA，隔週才站上週線52MA，隔週帶量站上107周附近跌破27.8元，多頭走勢最多達9個月餘。

8.01

2006042R

52週移動平均線
52週MA是多頭最大支撑

RST

成交量

160,000
140,000
120,000
100,000
80,000
60,000
40,000
20,000

2005

138

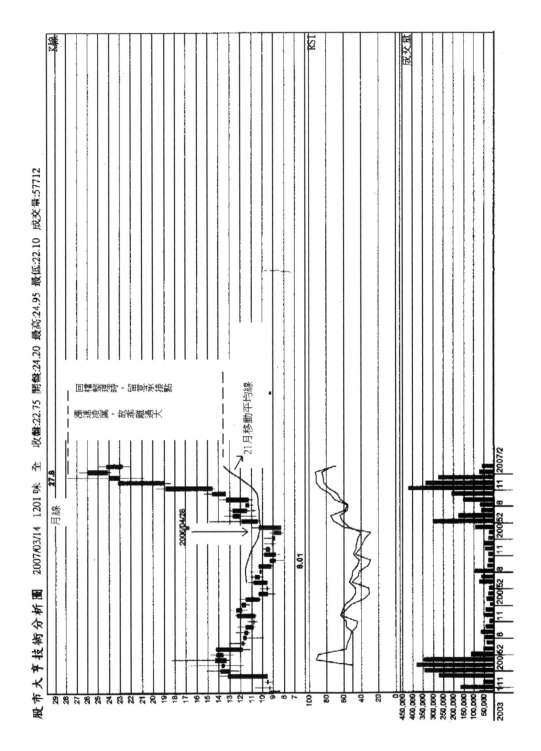

股市大亨技術分析圖　2007/03/14　1201味　全　收盤:22.75　開盤:24.20　最高:24.95　最低:22.10　成交量:57712

月線　27.8

月線

2006/04/28

漲速過廣，故乖離過大

回檔整理時，即是承接點

21月移動平均線

8.01

K線

RST

成交量

29 28 27 26 25 24 23 22 21 20 19 18 17 16 15 14 13 12 11 10 9 8 7

100 80 60 40 20

0 450,000 400,000 350,000 300,000 250,000 200,000 150,000 100,000 50,000

2003　111　2004　62　8　11　2005　52　8　11　2006　62　8　11　2007　2

股市大亨技術分析圖 2007/03/14 2340 光 磊 收盤:20.75 開盤:20.50 最高:21.00 最低:20.50 成交量:2981

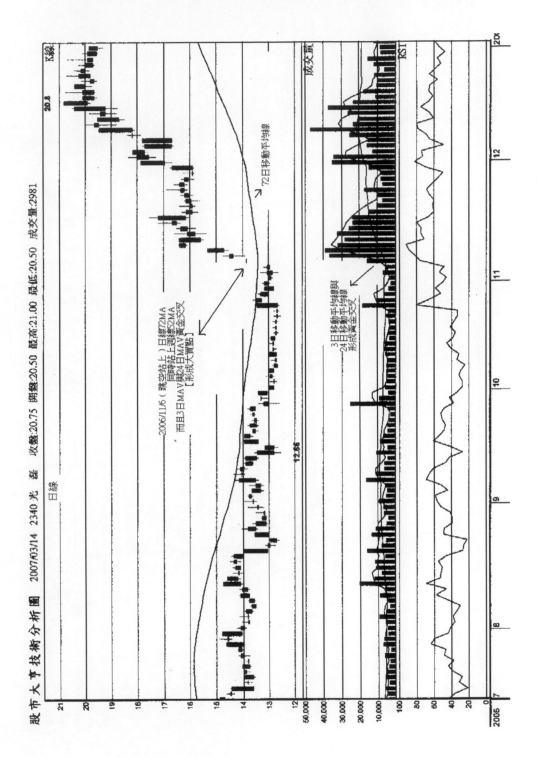

72日移動平均線

2006/11/6（跳空站上）日線72MA
同時站上週線72MA
而且3日MAV與24日MAV黃金交叉
[形成大買點]

3日移動平均線與
24日移動平均線
形成黃金交叉

K線

日線

成交量

RSI

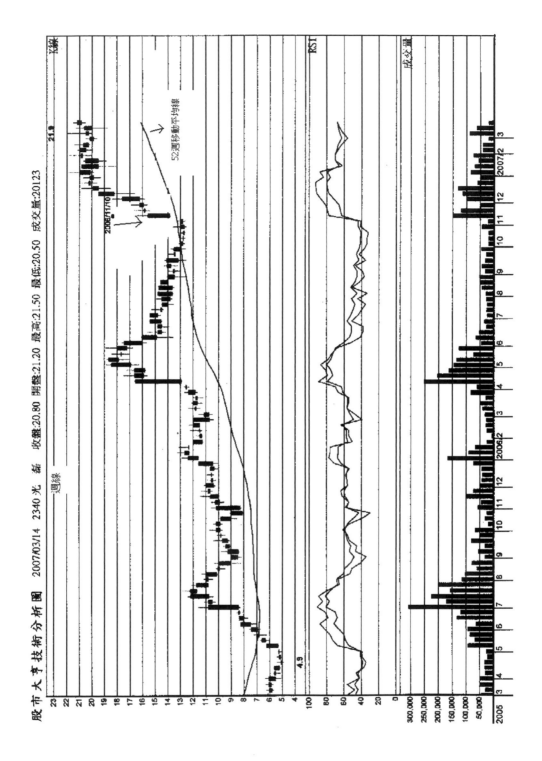

股市大亨技術分析圖　2007/03/14　2340 光 磊　收盤:20.80　開盤:21.20　最高:21.50　最低:20.50　成交量:20123

141

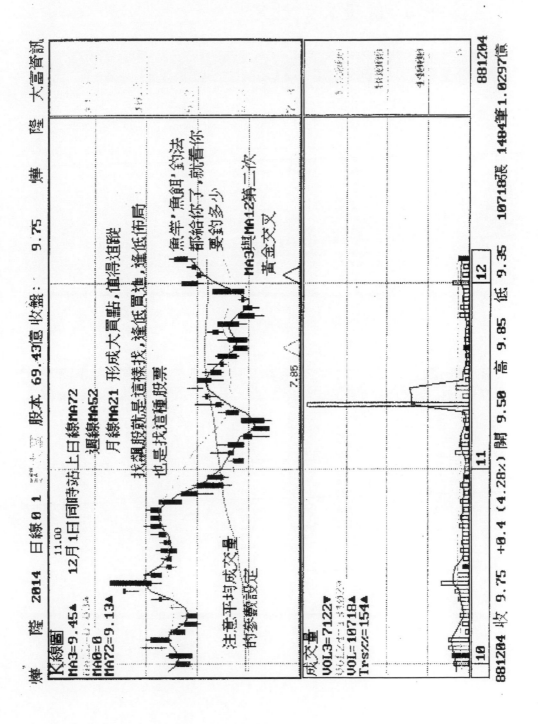

K線圖

燁隆 2014 日線 0 1 股本 69.43億 收盤: 9.75 燁 隆 大富資訊

MA3=9.45▲   11.00
MA8=0   12月 1日 同時站上日線MA72
MA72=9.13▲   週線MA52
月線MA21 形成大買點,值得追蹤

找飆股就是這樣找,逢低買進,逢低佈局
也是找這種股票

注意平均成交量
的參數設定

魚竿,魚餌,釣法
都給你了,就看你
要釣多少

MA3與MA12第二次
黃金交叉

7.85

成交量
VOL3=7122▼
VOL=10718▲
Trs///=154▲

881204 收 9.75 +0.4 (4.28%) 開 9.50 高 9.85 低 9.35
10718張 1484筆 1.0297億   881204

142

(三線一心)選股公式設定

超線王牌選股　　日期:1120813(19:30:05)　筆數:105/ 107 篩選次數:0 類別:上市

[日線][條件0 回朔日期:1120621]昨日收盤價<昨日72日收盤價平均而且收盤價>72日收盤價平均

代號	股　　名	項目一	項目二	項目三	項目四	
5529	鉅　　陞	11.60	11.85	11.95	11.84	日線
5538	東　明 KY	39.10	41.29	41.90	41.29	
5907	大　洋 KY	15.70	15.78	15.80	15.75	
6168	宏　　齊	24.00	24.27	24.60	24.30	
6184	大　豐　電	50.70	50.77	51.30	50.79	
6220	岳　　豐	27.65	27.83	27.90	27.82	
6222	上　　揚	15.10	15.40	16.60	15.43	
6236	凡　　甫	21.00	21.06	23.00	21.14	
6246	臺　　龍	13.85	13.88	13.95	13.88	
6281	全　國　電	84.90	85.02	85.70	85.00	
6548	長　科*	41.05	41.62	41.85	41.65	
6661	威　傑　生	23.05	23.06	23.10	23.05	
6698	旭　暉　應	36.70	36.88	37.45	36.95	
6708	天　　擎	52.30	53.16	53.60	53.03	
6762	達　　亞	237.00	241.89	249.00	241.70	
6796	笙　　弘	97.20	100.07	100.00	99.90	
6877	鏵　友　益	43.60	45.55	48.40	45.61	
8040	九　　暘	48.25	48.29	48.55	48.23	
8261	富　　鼎	105.50	106.25	107.00	106.18	
8411	福　貞 KY	14.85	14.87	14.90	14.87	
8455	大　拓 KY	21.00	21.91	22.00	21.92	

超線王牌選股　　日期:1120813(20:06:24)　筆數:59/ 59 篩選次數:0 類別:上市

[週線][條件1 回朔日期:1120621]昨日收盤價<昨日52日收盤價平均而且收盤價>52日收盤價平均

代號	股　　名	項目一	項目二	項目三	項目四	
2910	統　　領	30.45	30.82	31.50	30.82	週線
3092	鴻　　和	37.50	38.24	40.10	38.05	
3189	景　　碩	115.00	115.83	115.50	115.21	
3234	光　　環	22.75	23.51	24.50	23.57	
3296	勝　　德	16.75	16.82	17.00	16.83	
3313	斐　　成	10.30	10.39	10.40	10.36	
3354	律　　勝	14.50	14.78	14.80	14.73	
3430	奇　鈦　科	49.40	50.64	50.70	50.43	
3687	歐　買　尬	86.70	88.68	107.00	88.31	
4406	新　昕　纖	10.40	10.43	10.80	10.44	
4551	智　伸　科	146.50	151.58	152.00	151.54	
4560	強　信 KY	39.25	39.38	39.45	39.36	
4583	台　灣　精	200.00	201.82	206.00	201.36	
5215	科　嘉 KY	46.80	47.12	47.10	47.01	
5285	界　　霖	73.80	75.24	75.30	74.93	
6217	中　探　針	44.85	47.95	50.00	47.69	
6222	上　　揚	15.45	15.72	16.60	15.77	
6695	芯　　鼎	45.85	46.66	50.70	46.42	
6877	鏵　友　益	43.30	44.63	48.40	44.27	
8455	大　拓 KY	20.90	21.72	22.00	21.56	
8488	吉　源 KY	15.60	15.80	15.85	15.77	

[月線][條件2 回朔日期:1120630]昨日收盤價<昨日21日收盤價平均而且收盤價>21日收盤價平均

代號	股 名	項目一	項目二	項目三	項目四
6153	嘉聯益	23.40	24.27	26.70	24.29
6154	順 發	16.65	16.78	16.90	16.69
6187	萬 潤	69.20	90.88	89.80	89.68
6207	雷 科	28.55	29.53	30.65	29.61
6216	居 易	27.40	27.49	28.50	27.67
6222	上 揚	15.00	15.32	20.00	15.61
6462	神 盾	85.60	91.48	107.00	90.91
6510	精 測	498.00	544.95	586.00	540.57
6573	虹 揚 KY	16.05	16.93	16.85	16.73
6585	鼎 基	63.10	68.73	72.70	69.05
6661	威健生	22.50	23.13	23.50	23.01
6762	達 達	230.50	243.78	266.50	243.07
6788	華景電	127.00	143.58	146.50	141.20
6790	永 豐 實	38.75	42.16	41.70	41.60
6841	長佳智	99.70	101.66	105.00	98.68
8016	矽 創	225.00	232.21	234.50	231.76
8039	台 虹	42.45	43.73	43.75	43.61
8110	華東	13.70	14.41	14.35	14.28
8114	振 樺 電	109.00	115.90	118.50	117.78
8201	無 敵	12.80	13.10	15.50	13.09
8358	金 居	57.50	59.61	61.30	58.94
8436		176.50	178.54	177.50	176.46

月線

以(上揚)為例,符合日線、週線、月線的搜尋條件,
就是三線一心的飆漲強勢股。

由於各家股票軟體、APP 的設定方式不一樣,所以公式設定會
有一些差異。下面介紹較容易明瞭理解的公式設定:

日線:1 日前的日收盤價<1 日前的 72 日均價而且

　　　日收盤價>72 日均價

週線:1 週前的週收盤價<1 週前的 52 週均價而且

　　　週收盤價>52 週均價

月線:1 月前的月收盤價<1 月前的 21 月均價而且

　　　月收盤價>21 月均價

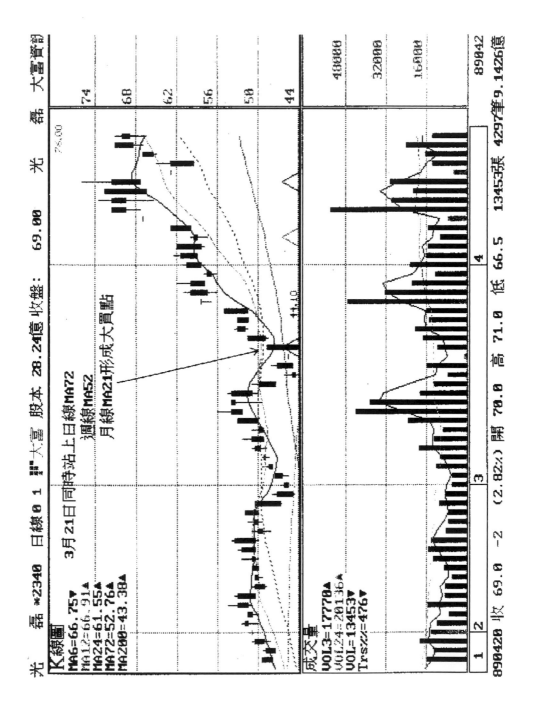

光 磊 *2340 日線 θ 1 ᵗ大富 股本 28.24億 收盤： 69.00 光 磊 大富資訊

K線圖

MA6=66.75▼
MA12=66.91▲
MA24=61.55▲
MA72=52.76▲
MA200=43.38▲

3月21日同時站上日線MA72
週線MA52
月線MA21形成大買點

成交量
VOL3=17770▲
VOL24=20136▲
VOL=13453▼
Trsλ/=476▼

89042θ 收 69.θ -2 (2.82%) 開 70.θ 高 71.θ 低 66.5 13453張 4297筆9.1426億

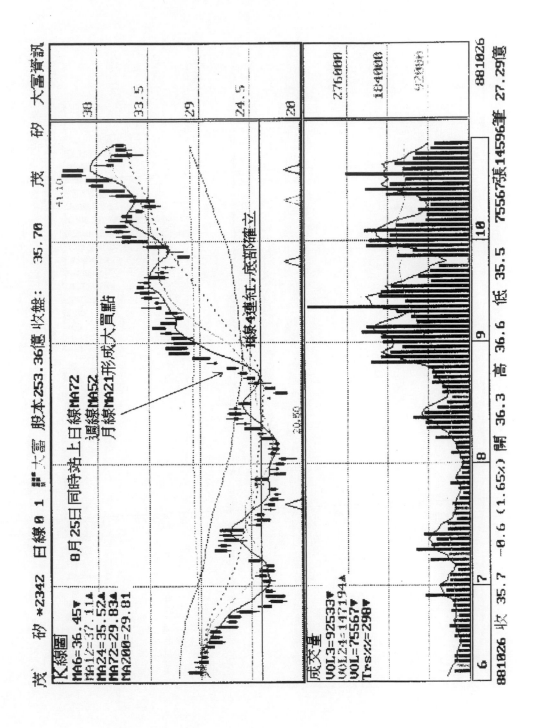

茂   矽   大富資訊

茂   矽   *2342 日線 0 1 ⁣ᴾ⁺大富 股本253.36億 收盤：   35.70   茂   矽   881026

K線圖
MA6=36.45▼
MA12=37.11▲
MA24=35.52▲
MA72=29.83▲
MA200=29.81

8月25日同時站上日線MA72
調線MA52
月線MA21形成大買點
線線4連紅,底部確立

成交量
VOL3=92533▼
VOL24=147194▲
VOL=75567▼
Trs/╱=298▼

881026 收 35.7   -0.6 (1.65%) 開 36.3   高 36.6   低 35.5   75567張14596筆 27.29億

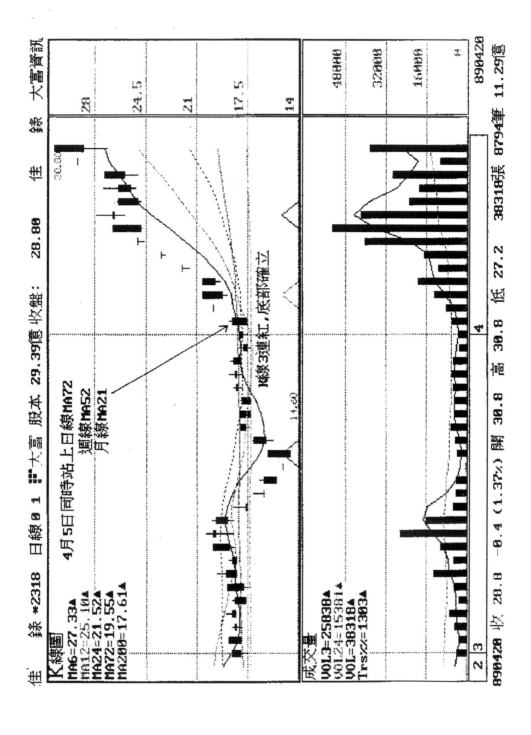

佳 錄 ＊2318 日線 0 1 大富 股本 29.39億 收盤： 28.80 佳 錄 大富資訊

K線圖
MA6=27.33▲
MA12=25.10▲
MA24=21.52▲
MA72=19.55▲
MA200=17.61▲

4月5日同時站上日線MA72
週線MA52
月線MA21

K線3連紅,底部確立

成交量
VOL3=25038▲
VOL24=15381▲
VOL=38318▲
Trs%=1303▲

890420 收 28.8 -0.4 (1.37%) 開 30.8 高 30.8 低 27.2 38318張 8794筆 11.29億

〈六〉股市短線縮影神奇學

〈一〉總體要訣篇：

觀念一：「頭與底」之觀念。
觀念二：「中段整理」之觀念。
觀念三：「頭與底」之要訣。
    a〉→「大波段」頭與底之要訣。
    b〉→「小波段」頭與底之要訣。
    c〉→「一日」頭與底之要訣。

〈二〉即時要訣篇：

要訣一：「跟著行情走」。
要訣二：「開盤預測走勢要訣」。
要訣三：「檔位要訣」。
要訣四：「軌道判斷方法」。

〈三〉短線縮影神奇篇：

第一單元：價格之速度。
第二單元：投影之效果。
第三單元：短線縮影神奇公式。
第四單元：實戰操作手法。
第五單元：技巧總歸納。

〈四〉技巧實證篇：

例1實證附圖
例2實證附圖
圖例

※總體要訣篇※

觀念一:「頭與底的觀念」

　　股價運行猶如火車行駛,從起站〔底〕出發開到終站〔頭〕,

再由終站〔頭〕開回起站〔底〕,週而復始。

　⇨所以:必須認識「底部」〔起站〕與「頭部」〔終站〕。

　⇨所以:「底部」買進股票後,即「持股抱牢」,到「頭部」再賣

　　　出。猶如:「起站」上車,到「終站」再下車。

觀念三:「頭」與「底」之要訣

<A>大波段「頭與底」之要訣:

<一>『底』之判斷:價線要訣

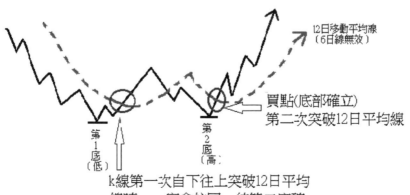

12日移動平均線
（6日線無效）

買點(底部確立)
第二次突破12日平均線

第1底〔低〕
第2底〔高〕

k線第一次自下往上突破12日平均
線時,一定會拉回,待第二底確
立時,以日平衡點伺機買進操作

<二>『頭』之判斷：價線要訣

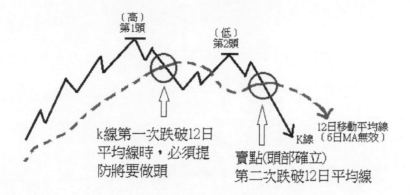

（高）
第1頭

（低）
第2頭

12日移動平均線
（6日MA無效）

K線

k線第一次跌破12日
平均線時，必須提
防將要做頭

賣點(頭部確立)
第二次跌破12日平均線

<三>『做頭盤底』之透析：多頭市場才會發生

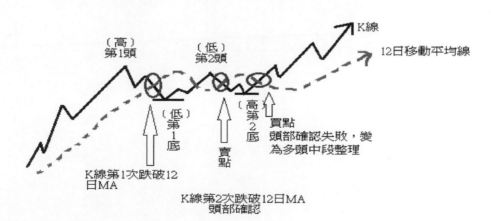

K線

12日移動平均線

（高）
第1頭

（低）
第2頭

（低）
第
1
底

高第2底

買點
頭部確認失敗，變
為多頭中段整理

賣點

K線第1次跌破12
日MA

K線第2次跌破12日MA
頭部確認

<四>『做底盤頭』之透析：空頭市場才會發生

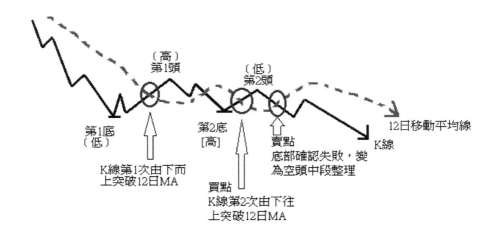

（高）
第1頭

（低）
第2頭

第1底
（低）

第2底
[高]

賣點
底部確認失敗，變
為空頭中段整理

12日移動平均線

K線

K線第1次由下而
上突破12日MA

買點
K線第2次由下往
上突破12日MA

<B>小波段(反彈波或拉回波)「頭與底」之要訣:

<一>小波段「高點」一日反轉幅度:(7.8%)

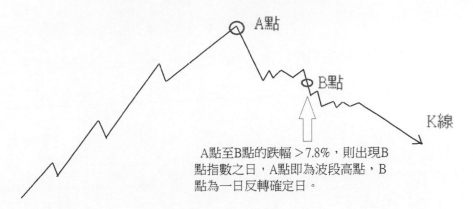

A點至B點的跌幅＞7.8%,則出現B
點指數之日,A點即為波段高點,B
點為一日反轉確定日。

<二>小波段「低點」一日反轉幅度:(8.6%)

A點至B點的漲幅＞8.6%,則出現B點
指數之日,A點即為小波段低點,B點
為一日反轉日

<C>1 日「頭與底」之要訣：

請參閱「第一章日平衡點的操作」

觀念二：「中段整理的觀念」

股價在多頭市場行進中，常會出現「頭部型態」，但立即又翻升為「底部型態」，此為多頭市場之「中段整理」，名之為「做頭盤底」，「做頭盤底」型態完成後，股價繼續上行，方向不變。猶如火車行駛，從起站〔絕對底部〕出發，至「中途站」須暫停休息，休息完後仍朝原方向行駛邁向終站〔絕對頭部〕，此「中途站」即等於「中段整理」→做頭盤底。

同理：股價在空頭市場行進，亦會出現「底部型態」，但立即又翻轉為「頭部型態」，此為空頭市場之「中段整理」，名之為「做底盤頭」，「做底盤頭」型態完成後，股價繼續下行，方向不變，

朝向空頭市場之「絕對底部」終站邁進。

※ 股價總是朝原來方向前進,任何阻礙總是暫時的※

→圖示:中段整理之觀念

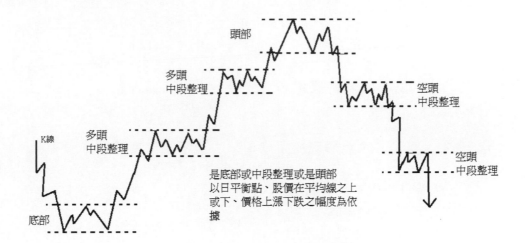

頭部

多頭
中段整理

空頭
中段整理

多頭
中段整理

空頭
中段整理

K線

底部

是底部或中段整理或是頭部
以日平衡點、股價在平均線之上
或下、價格上漲下跌之幅度為依
據

※即時行情篇※

方法一：「跟著行情走」

股價是由「市場總合力量」決定方向，而不是由你「自己個人意志」決定方向。

⇨所以：「市場總體意志」　⇔　「自己個人意志」

　　　　　　⇕　　　　　　　　　　　⇕

「才能決定股價方向」　「不能決定股價方向」

⇨所以：①不要猜指數。

②不要猜方向。

③不要盲目聽從分析師顧問之言。

④不需管消息。

⑤完全依照筆者給你的「公式」進出。

⑥換言之「是你跟著行情走，而不是行情跟著你走」。

方法二：「開盤預測走勢」

依照實際統計：不論總指數或個股股價，只要當日開盤在昨日收盤之上，則今日收盤收紅之機率佔「十分之九」；反之，開盤在平盤之下，則收盤收黑之機率亦佔「十分之九」。

⇨所以：①當日開盤開高則一律視為當日必收紅。

②當日開盤開低則一律視為當日必收黑。

方法三：高檔與低檔之認定

A>以「6日 RSI」為準：

① 「高檔」的定義：

⇨ 「低檔＋(45~50)」為高檔。

例：本波 6 日 RSI 由 20 附近往上走，則 6 日 RSI＝20 為低檔。

則：6 日 RSI＝70 附近為高檔(20+50=70)

例：本波 6 日 RSI 由 35 附近往上走，則 6 日 RSI＝35 為低檔。

則：6 日 RSI＝85 附近為高檔(35+50=90)

② 「低檔」的定義：

⇨ 「高檔－(40~50)」為低檔。

例：本波 6 日 RSI 由 85 附近往下走，則 6 日 RSI＝85 為高檔。

則：6 日 RSI＝35 附近為低檔(85-50=35)

例：本波 6 日 RSI 由 60 附近往下走，則 6 日 RSI＝60 為高檔。

則：6 日 RSI＝10 附近為低檔(60-50=10)

③6 日 RSI 之變動範圍：

a>多頭市場：（高檔與低檔之定義）

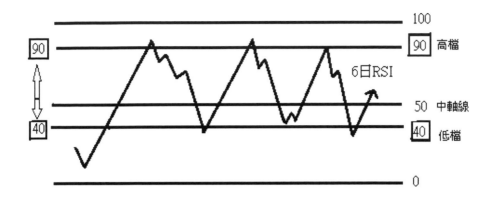

⇨多頭市場 6 日 RSI 在 40~90 之間來回變動。換言之：多頭市場

6 日 RSI 之高檔＝90

低檔＝40

b>空頭市場：(高檔與低檔之定義)

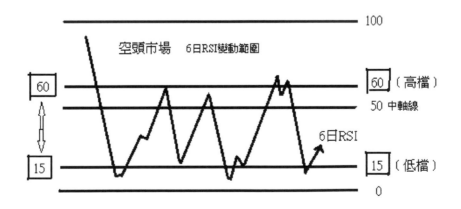

⇨空頭市場 6 日 RSI 在 15~60 之間來回變動。換言之：空頭市

場 6 日 RSI 之高檔＝60 附近，低檔＝15 以下

B>以「9 日 KD」為準:

①「高檔」的定義:

　　K 值由上而下跌破 D 值,且跌破 80 之時為高檔反轉。

②「低檔」的定義:

　　K 值由下而上突破 D 值,且突破 20 之時為低檔反轉。

③「9 日 KD 值高低檔買賣點」運用原則:

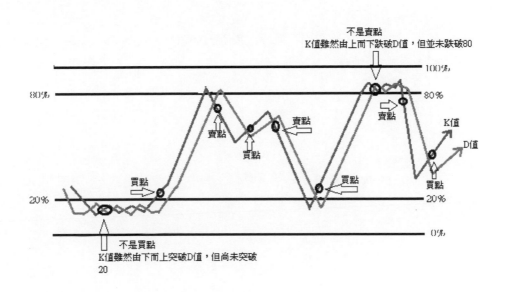

軌道線判斷方法

(如何抓第④點)

1>利用「abc 已知點」：找 d 未知點(買賣點)

上升走勢

b 已知點
d 未知點
←d點之位置為賣點
B線
A線之平行線
a 已知點
c 已知點
A線
a點與c點相連

下降走勢

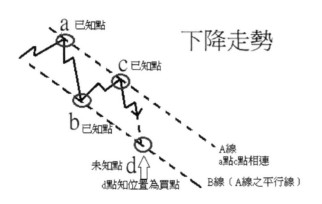

a 已知點
c 已知點
b 已知點
未知點 d
A線
a點c點相連
B線（A線之平行線）
d點知位置為買點

2>利用「X線」：找 d 未知點(買賣點)

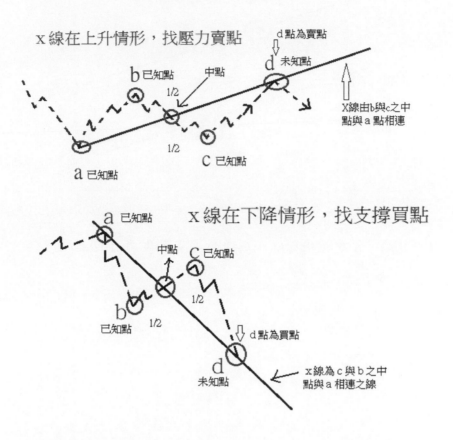

x線在上升情形，找壓力賣點

b 已知點　中點
1/2
d 未知點　d點為賣點

X線由b與c之中
點與a點相連

1/2
c 已知點

a 已知點

a 已知點　　x線在下降情形，找支撐買點

中點　C 已知點

b
已知點　1/2

1/2
d點為買點

d
未知點

x線為c與b之中
點與a相連之線

3>「abc平行線」與「X線」合用：找 d 未知點(買賣點)

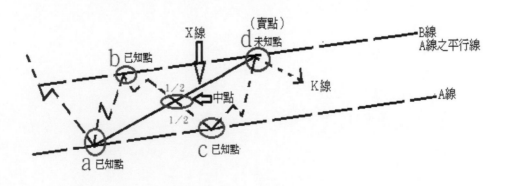

X線
(賣點)
d 未知點
B線
A線之平行線

b 已知點

1/2　中點
K線

1/2
A線

a 已知點
C 已知點

⇨ abc 點已知：抓 d 點

即：B線〔A線之平行線〕與 X線之交點即為 d 點之位置。

160

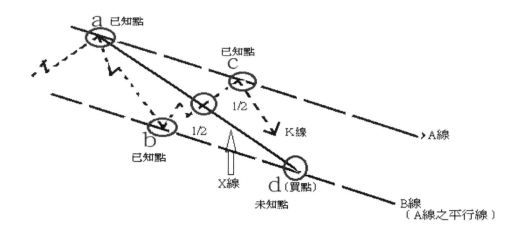

⇨abc 點已知：抓 d 點

即：B 線〔A 線之平行線〕與 X 線之交點即為 d 點之位置。

※短線縮影神奇篇※

前頁所先介紹之「總體要訣」與「即時要訣」，除可「單獨使用」外，主要是為介紹本篇「短線縮影神奇」先打下相關基礎及補強相關之觀念及操作手法。

《第一單元》：「價格的速度」：（股價行進之速度）

<1>前頁已介紹過『大波段』「頭」與「底」與「中段整理」之判斷可用『12日移動平均線』為標準予以判別之。底部做好即買進，頭部做好即賣出。

<2>觀念之縮影：

『小波段』同樣具有「頭」與「底」與「中段整理」之觀念，而其判識標準僅將「大波段之觀念予以縮影設定」而已矣。

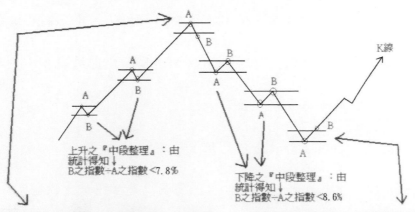

上升之『中段整理』：由統計得知↓
B之指數－A之指數<7.8%

下降之『中段整理』：由統計得知↓
B之指數－A之指數<8.6%

為「中段整理」或「絕對頭部」之判識法：
當：B之指數－A之指數>7.8%→則斷定為絕對頭部，而非中段整理。

為下降之「中段整理」或「絕對底部」之判識法：
因：中段整理皆為小於8.6%，故若出現，
B之指數－A之指數>8.6%→則斷定為絕對底部。

〈3〉由前述即可知：股價之變動與反轉僅為『價格速度之變動』而已。故會依「成交量」判斷輔助固然很好，但沒有成交量之輔助，僅依「價格速度」之變動予以判斷已足足有餘。（以量破價其實是多餘）

《第二單元》：「縮影的效果」：

股價速度之戀動是一種「力」的表現，而且只能加速不能減速；如果速度「遞減」則表示方向將發生反轉。

舉例：

例如：第 1 天股價收盤價為 10 元，第 2 天下跌 2 元，收盤價為 8 元，則依股價價格速度之加速投影位置，第 3 天之收盤價應「至少」也跌 2 元即等於收盤價為 6 元才對。及 6 元以下才對（即下跌應超過 2 元）

若：第 3 天之收盤價大於 6 元，即 6 元以上，即下跌小於 2 元之輻度，換言之，即等於下跌之速度發生遞減現象，則我們將確認股價方向發生反轉。

反之：股價上升情形亦同理。

關鍵：在於『遞減之速度之幅度』為多少是「短線中段整理」（會朝原方向前進），多少是「絕對頭或底」（方向將反轉）。⇔

贏家的秘訣：就是他掌握了此「幅度」之秘密而已。

163

《第三單元》:「短線神奇公式」:

<1>公式之來源與原理:

本公式係由天線、地線、山線、谷線、四條線經繁複之運算而成,經筆者不斷融合改良以簡御繁而得出之隨手可用之「方便公式」,而不失其準確性。

<2>「縮影效果」之「觀念縮影」:

短線同樣具有「頭」,「底」,「中段整理」之觀念。

例:第 1 天收盤價為 10 元,第 2 天收盤價為 8 元,第 3 天收盤價為 6 元;第 4 天收盤價若為 6.2 元,則 6.2 元係短線之「絕對底部」或「中段整理」,如果是「絕對底部」則應買進,則表示短線股價方向已反轉將往上行,若為「中段整理」則仍不宜買進,則表示短線股價仍將不行。故本公式之秘訣,則在於短線之「絕對底部」與「中段整理」之『價格速度變動之設定』而已矣。

《第四單元》實戰操作手法

　<1>「做短線之原則」：

　①做短線之原則即為必須堅持做短線，不可一下做短線，一下又臨時改為做波段三心兩意。

　②必須堅持「今日買進」，「明日只要有獲利就必須賣出」，尾盤再決定是否為買點，是就再買進，不是就不可買進。

　③若昨日買進，今日卻出現賣點，即使沒有獲利，也必須賣出，不可留戀。

　<2>「短線縮影神奇公式之再強化」：（四種模型）

　①

若收盤收到「平衡點」之上，就是『買點』〔否則不是買點〕必然還有高價，一定可獲利。

②

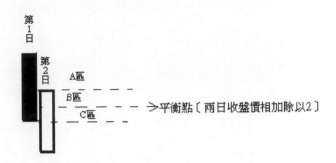

【注意】：→若明日〔第3日〕收盤價在平衡點之下，即C區，則

為「賣點」。

→若明日收盤價在平衡點之上，但僅在B區，則非買點，

而僅係表示已經買進者，暫時不必賣出。

→若明日收盤價在平衡點之上，但在A區，則為買點，

可以買進。〔此觀念為股價只准加速不准減速之縮影效

果〕。必然可以獲利。

③

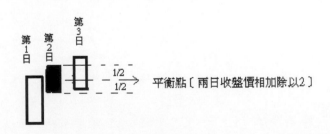

若收盤收到「平衡點」之上，就是買點。否則不是買點。

買進後，必然還有高價，一定可獲利。

166

④

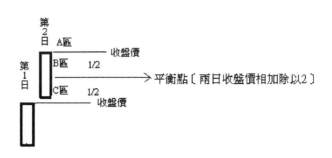

【注意】:⇨若:明日(第3日),收盤價收到平衡點之下(即C區),

即為「賣點」。

⇨若:明日(第3日),收盤價收到平衡點之上,

但僅在B區,則不是買點,而僅是指,已經

買進者可以繼續持有不必賣出。

⇨若:明日(第3日),收盤價收到平衡點之上,

則為「買點」,可以買進。(此觀念為股價只

准加速不准減速之縮影效果)。必然會獲利。

<3>「作戰步驟」:

①先看總指數:(決定出總指數之買賣點)

當日晚上先將兩日總指數,「相加除以2」,決定出「平衡點」(平

衡指數),再設定好明日收盤指數在多少點以上為「買點」,多

167

少點以下為「賣點」。

②選股：

a>先將當日晚上「收紅」之個股挑出，這些個股明日若尾盤收
在今日收盤價之上則為「買點」（可以買進）。

b>再將當日晚上「收黑」之個股挑出，將其「兩日收盤價相加
除以 2」得出之「平衡價」記錄好，明日尾盤若收到「平衡
價」之上就是「買點」（可以買進）。

③利用前述「開盤預測走勢」：

明日一大早九點五分，注意開盤指數，若開低盤，則收盤指數
八成收低，自己可以先估計會不會跌破「平衡指數」，若會跌
破，則當日不要買股票，原則上，指數不看好，有問題，個股
也不要買，如果指數沒問題，尾盤則根據自己昨日晚上決定好
之個股，注意其尾盤快收盤之價位，若在「買點之上」，則買
進，必然可獲利。

④選股：

若昨日晚上選出可以買進之個股很多，可以採取每一類股選兩
支股票，算好其買點，明日尾盤即注意此個股，符合買點即買
進。

⑤「只做一股」：

注意：每日凡是「波動過小者」之股不要考慮，表示該股沒有市場性。

選出最近「波動較大」之股，根據上述之「公式」，僅就該股來回操作，今日買進，明日有獲利即賣出，尾盤再看符不符合「公式買點」，符合就再買進，明日有獲利就再賣出，不斷就同一股予以操作。

⑥「買進動作」：

永遠要在「收盤前」才可採取行動，以避免下半場發生變化。

《第五單元》技巧總歸納

<1>「買點與賣點」之再複習：(個股與指數皆適用)(週線，月線也適用)

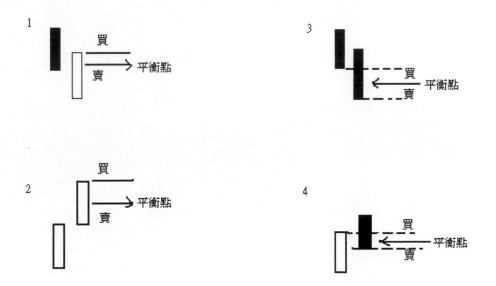

<2>就「指數」而言：

只要當日「尾盤指數」跌破「指數平衡點」(前二日收盤指盤相加除以 2)，則短線指數就看壞。

只要當日「尾盤指數」未跌破或站上「指數平衡點」(前二日收盤指數相加除以 2)，則短線指數就看好。

<3>就「個股」而言：

①當日晚上先把「當日個股收黑之個股」挑出，算出明日之該股平衡價(即 2 日收盤價相加除以 2)，而明日尾盤，只要該股尾盤價在「平衡價」之上就是「買點」。

②當日晚上再將「當日個股收紅之個股」挑出，明日尾盤這些個

股必須收在昨日收盤價之上，才是「買點」。

③如果自己手上已經有股票，第 2 日有獲利就賣出獲利，如第 2 日尾盤收在「平衡價」之下，也必須賣出。

※技巧實證篇※

<例 1>

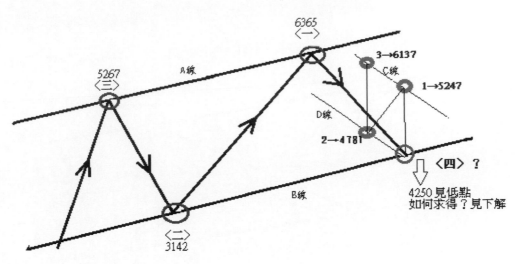

4250 點：如何求得：(利用<一><二><三>平行線，軌道密法求知)

步驟 1：先找「大軌道」將<一>(6365)與<三>(5267)相連成 A 線，

再用「<二>(3142)之點」與 A 線作出平行線 B 線，則指數

那一天碰 B 線那一天見低點。

步驟 2：再找「小軌道」：將①(5247)與③(6137)相連成 C 線，再用

「②(4781)之點」與 C 線作出平行線 D 線，則指數那一天

碰 D 線即一天見低點。

步驟 3：結果「大軌道」與「小軌道」皆在「8/28 日」同一天見「同

一點(4250 點)，(當日見波段低點)。

（不必管消息，行情該到那，就是到那。消息面只是分析師看錯行

情之下台階之藉口而已矣）。

<例2>

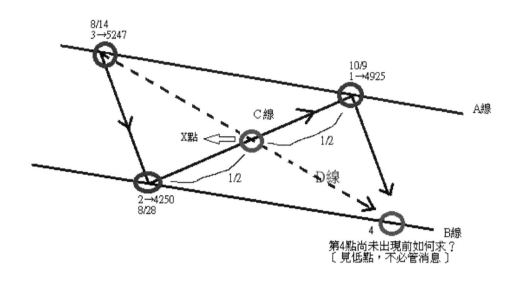

10/22 之 4032 點：如何求得：

步驟1：（利用①②③軌道平行線）

　　先將①(4925)與③(5247)相連成 A 線，再以②(4250)之點與 A

　　線作出平行線之 B 線，則那一天指數碰 B 線，那一天見低點。

步驟2：（利用夏氏四角 X 線）

　　將①(4925)與②(4250)相連成 C 線，用尺將 C 線量出其距離，

　　取其一半(1/2 處)，即「X 點」處。再將「X 點」與③(5247)

　　點相連成 D 線，則 B 線與 D 線之『交點』，必見波段低點。

　　B 線：軌道供需平衡線

173

D線：支撐見底線

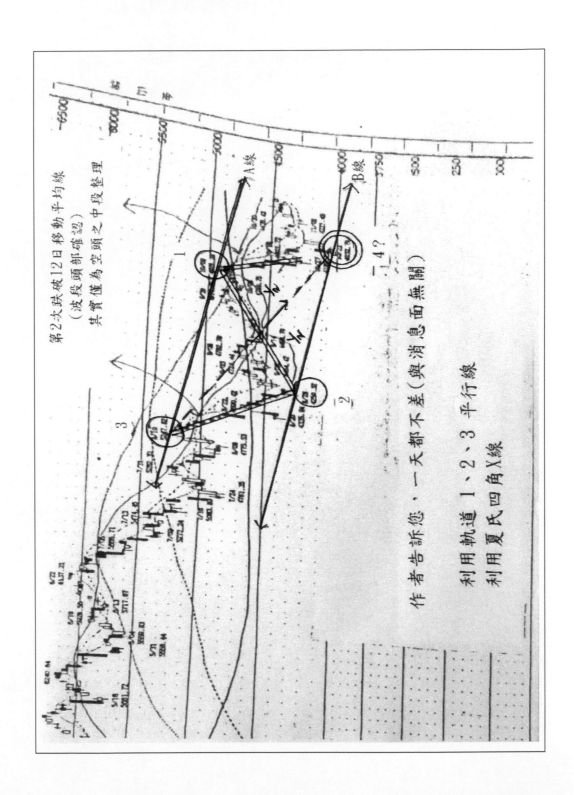

〈七〉常用技術指標應用技巧

(7-1) 6日RSI〔相對強弱指標〕 短線：冷熱度

→ 中、長線：斷反轉

A>計算式：

$$6RSI = \frac{A}{A+B} *100$$

A=6天中，凡上漲天數之上漲指數〔或股價〕全部相加，再除以6

B=6天中，凡下跌天數之下跌指數〔或股價〕全部相加，再除以6〔取絕對值〕

B>研判：

① 短線：6日RSI

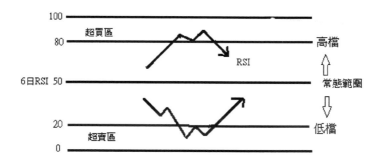

②比較：

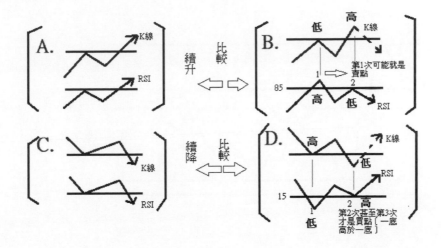

　③6 日 RSI 為頭部、底部之先行指標。※④RSI 可劃「大切線」，斷「中長線」
反轉。

C>研判：中長線

　　　當 RSI 由低檔『迅速』衝入高檔時，為弱勢空頭市場反轉為強勢
　　　多頭市場之強烈迅號。反之亦然，注意〔迅速〕二字。

①多頭市場：RSI 變動區〔35~80〕

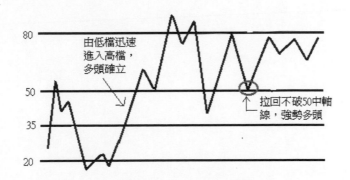

② 空頭市場：RSI 變動區〔15~60〕

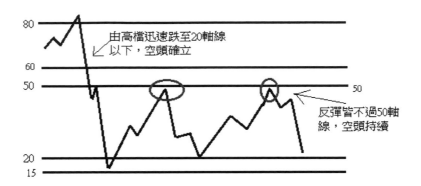

由高檔迅速跌至20軸線
以下，空頭確立

反彈皆不過50軸
線，空頭持續

大切線神斷法→斷：中長線波段買賣點【天機】

A> 中長線波段買點：

買點

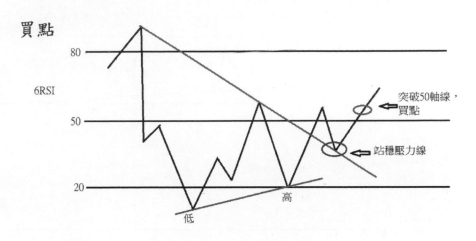

非買點

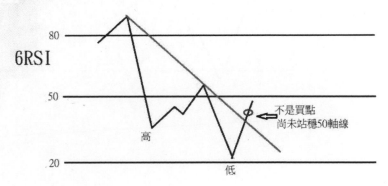

178

非買點

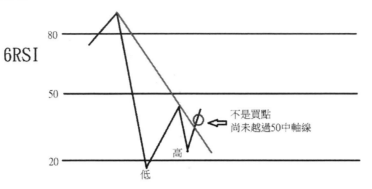

6RSI

不是買點
尚未越過50中軸線

高

低

買點

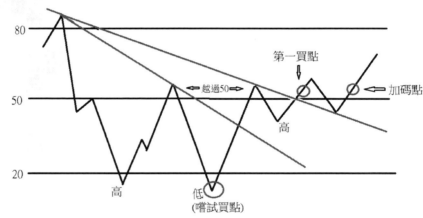

第一買點

←越過50→

加碼點

高

高

低
(嚐試買點)

B> 中長線波段賣點：

賣點

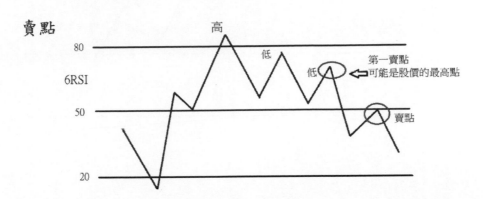

賣點

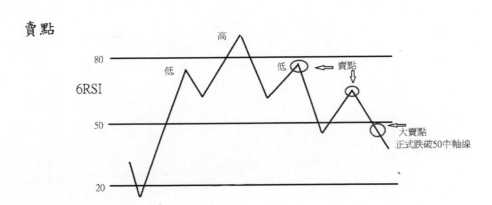

賣點

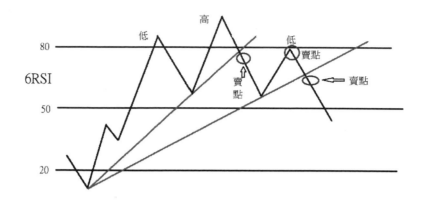

當:「A 與 B 兩點」皆在高檔〔70 以上〕,雖然 B 點高於 A 點,仍然
是賣點。〔而且很可能就是波段最高點〕

C>以「大切線」斷『中長線買點』,除「RSI」外,其他如 KD、MTM、(3-6)Y、12Y,
皆可以同法斷之。

(7-2) 6Y(BIAS) & 12Y(乖離率)⇨短、中、長線

A>計算式：

①N 日乖離值(Y)(BIAS)=當日指數〔或收盤價〕－N 日移動平均指數〔收盤價〕

②N 日乖離率 Y%(BIAS%)=$\dfrac{當日指數〔收盤價〕-N日移動平均指數〔收盤價〕}{N日移動平均指數}$*100%

B>認識：6Y(BIAS) & 12Y(BIAS)

① ➜ 　當：12Y>6Y⇨多頭取得優勢→進入多頭市場
　　　當：6Y>12Y⇨空頭取得優勢→進入空頭市場

②Y〔乖離率〕與 K〔加權指數〕⇨同步「同向」變動。

故：　6Y〔及 12Y〕上揚則 K 線上揚。
　　　6Y〔及 12Y〕下降則 K 線下降。

C>研判：

①多頭轉空頭

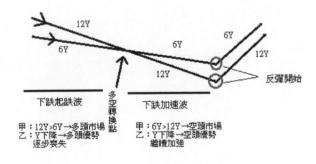

182

②空頭轉多頭：

　甲〉空頭轉多頭型

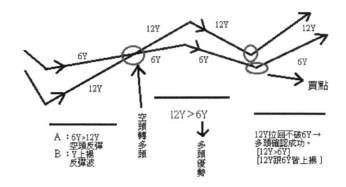

A：6Y>12Y
　空頭反彈
B：Y上揚
　反彈波

空頭轉多頭

12Y>6Y

多頭優勢

12Y拉回不破6Y→
多頭確認成功。
[12Y>6Y]
[12Y跟6Y皆上揚]

買點

　乙〉空頭轉多頭失敗型

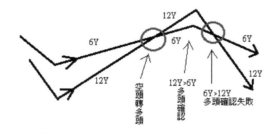

空頭轉多頭

12Y>6Y
多頭確認

6Y>12Y
多頭確認失敗

D>分析判斷：

① Y 上升型

〈A〉屬反彈波

　〈a〉探底反彈波：(6Y>12Y)

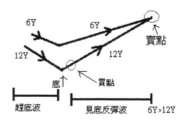

底

買點

賣點

起底波

見底反彈波　　6Y>12Y

<b>右肩反彈波：(12Y>6Y)

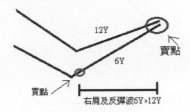

[B]屬上升波(12Y>6Y)：

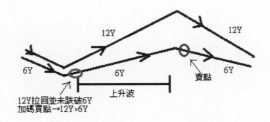

② Y 下降型：

　　[A]上升拉回波(12Y>6Y)：

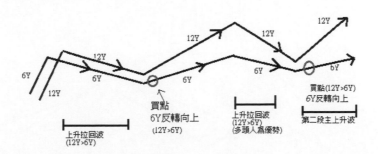

〈B〉下跌反彈打底波(6Y>12Y)

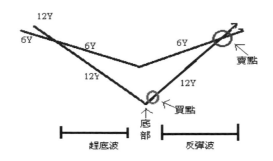

E>分析判斷：

①(12Y>6Y)型：多頭取得優勢

　〈A〉Y上揚型：

　　　〈a〉上升波：

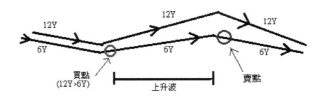

　　　〈b〉反彈波：

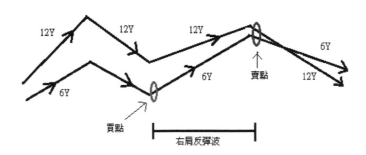

〈B〉Y下降型：

<a>(12Y>6Y)→(6Y>12Y)右肩下跌波：

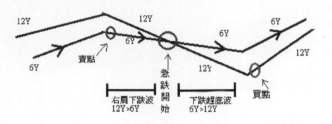

<b>回檔波

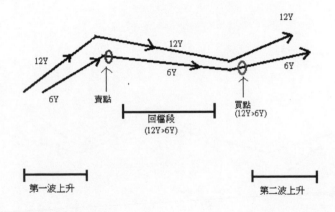

② (6Y>12Y)型：空頭取得優勢

〈A〉Y上揚型：

　〈a〉反彈失敗類型：

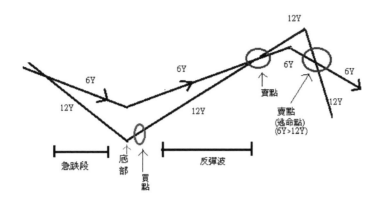

　〈b〉反彈打底型態：

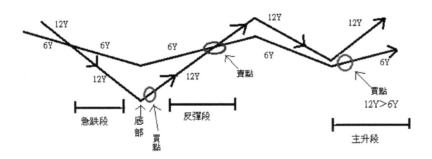

(B) Y下降型：

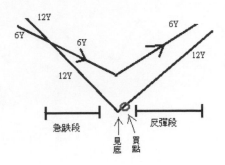

E>整合判斷：

買點　　　　　　　　　　　　　　　　賣點

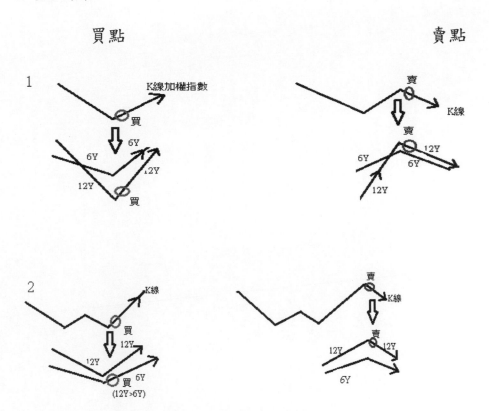

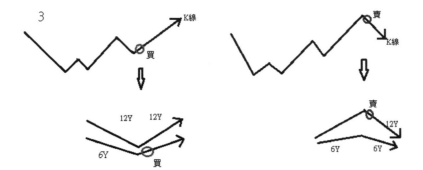

買點   賣點

4
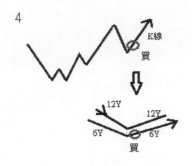

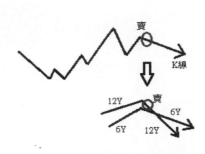

5
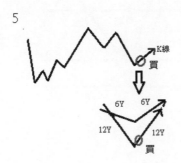

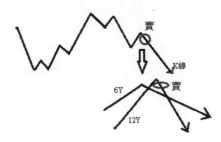

F>總結判斷：

　① 12Y>6Y→進入多頭市場
　　a：(12Y及6Y)上揚→上升急漲波。
　　b：(12Y及6Y)下降→上升拉回波。
　② 6Y>12Y→進入空頭市場
　　a：(6Y及12Y)上揚→下跌及反彈波。
　　b：(6Y及12Y)下降→下跌急跌波。

(7-3) 9KD 值〔隨機指標〕⇨短線：

9K 值---快速平均值
9D 值---慢速平均值

A〉 計算式

$$RSV〔未成熟隨機值〕= \frac{第9日收盤價-最近9日內最低價}{最近9日內最高價-最近9日內最低價} *100\%$$

當日 K 值= 2/3 前一日 K 值 + 1/3 RSV

當日 D 值= 2/3 前一日 D 值 + 1/3 當日 K 值

若無前一日之 K 值或 D 值，以〔50〕代入。

 K 值與 D 值永遠介於〔0~~100〕%之間

B〉 研判：短線

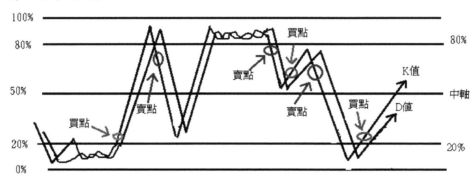

【判斷要訣】

① 當 9K 值與 9D 值在 20%以下或 80%以上時：

※ 9K 值由下往上突破 9D 值，且同時由下往上突破「20%」為〔買點〕。

※ 9K 值由上往下跌破 9D 值，且同時由上往下跌破「80%」為〔賣點〕。

② 當 9K 值與 9D 值在 20%~~80%之間時：

※ 9K 值由下往上突破 9D 值為「買點」。

※ 9K 值由上往下跌破 9D 值為「賣點」。

(7-4) DIF〔正負差離值〕& MACD〔異同平均數〕⇨ 斷：長線趨勢大行情

A〉計算式： MA〔移動平均線〕 EMA〔平滑移動平均線〕

DIF〔正負差離值〕=12 EMA － 26EMA

MACD〔異同平均數〕= 9 DIF

B>研判：

① DIF 與 MACD 皆在「零」之上為「多頭市場」。

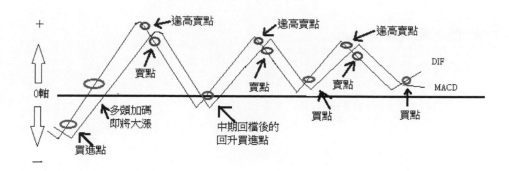

② DIF 與 MACD 皆在「零」之下為「空頭市場」。

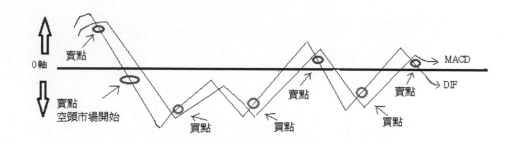

【判斷要訣】

※ 當 DIF「由下往上」交叉 MACD，且「DIF-MACD 之差距」亦開始增加時⇨「買點」。

※ 當 DIF「由上往下」交叉 MACD，且「DIF-MACD 之差距」亦開始減少時⇨「賣點」。

(7-5)DMI〔趨向指標〕&ADX ➡ 長線指標

+DI₁₄〔上升方向線〕 → $+DI_{14}$〔上升方向線〕

-DI₁₄〔下跌方向線〕 → $-DI_{14}$〔下跌方向線〕

ADX〔趨向平均值〕

A〉計算式：

① 求 DM 趨向值：

當日最高價-昨日最高價=A

當日最低價-昨日最低價=B

〉若： A>B➡取+A=+DM

B>A➡取-B=-DM

〉取其中之一

② 求 TR〔最大真正波幅〕：

a〉當日最高價-當日最低價➡H-L

b〉當日最高價-昨日收盤價➡H-PC

c〉當日最低價-昨日收盤價➡L-PC

〉取其中 a, b, c 中數值最大者=TR

☆ ③ 求：DI₁₄正負方向線 ➡ 永遠介於 0~~100 之間

$$DI = \frac{DM_{14}}{TR_{14}} = \frac{+}{-} \% 即 \quad +DI_{14} 或 -DI_{14}$$

a〉$+DM_{14}$➡上升方向線

b〉$-DM_{14}$➡下降方向線

④ 求：DX 趨向值

$$DX = \frac{(+DI)-(-DI)}{(+DI)+(-DI)} *100\%$$

☆ ⑤ 求：ADX₁₄趨向平均值 → 具助漲或助跌功能

ADX_{14}=DX 之 14 天平均值

⑥ 求：ADXR₁₄趨向平均值之評估數值

$$ADXR_{14} = \frac{當日\ ADX_{14}+14\ 天前之\ ADX_{14}}{2} \quad (ADXR_{14}\ 較\ ADX_{14}\ 平緩)$$

B〉 研判：多頭市場與空頭市場之研判〔利用「+DI」與「-DI」〕

①》 　+DI 永遠與 K 線〔總指數〕**同向**同步走。
　　-DI 永遠與 K 線〔總指數〕**反向**同步走。
　即：
　　價格持續上升時→+DI 愈上升，〔-DI 愈下降〕。
　　價格持續下跌時→+DI 愈下跌，〔-DI 愈上升〕。

②ADX：即為「+DI 與-DI 之差距」之移動平均線

　　ADX 若上升就有助漲或助跌的作用。
　　ADX 若下跌也有助漲或助跌的作用。
　　ADX 若走平就有見「頂」或見「底」或「中段整理」的作用。

③ 　+DI>-DI→表多頭取勝〔多頭市場〕
　　-DI>+DI→表空頭取勝〔空頭市場〕

④「+DI」由下而上交叉穿越「-DI」→表：多頭取勝，多頭走勢確認，

必有第 2 段多頭上漲。

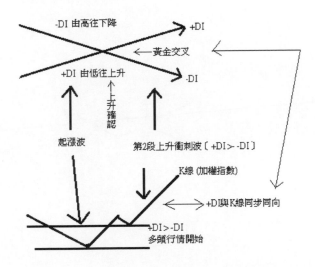

⑤「-DI」由下而上交叉穿越「+DI」→表示：空頭走勢確認，必有第2段下跌。

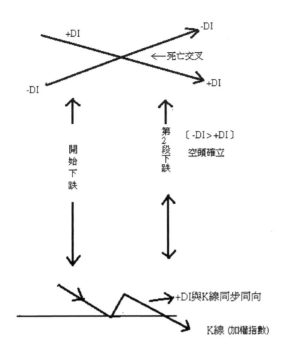

⑥「多頭整理」與「多頭假突破」之分別。

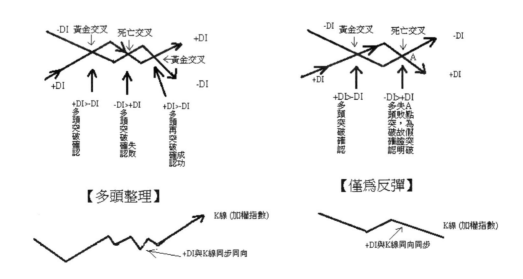

195

⑦「空頭整理」與「空頭假突破」之分別。

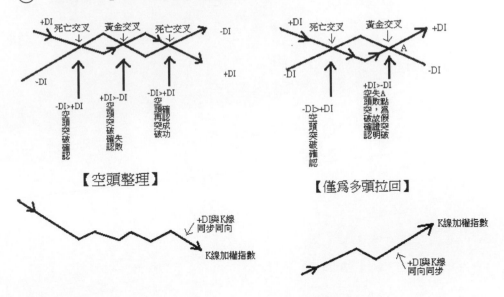

【空頭整理】　　　　　　　　　【僅爲多頭拉回】

C>研判：頭與底之研判〔利用 ADX 與「+DI 與-DI」之關係〕。

① 中段波「頭部」確認原則：

第一種：多頭第 5 波之頭

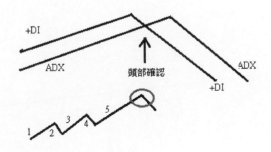

〈甲〉第二種：多屬第 1 波之頭

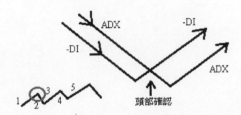

〈乙〉第三種：屬第二種之變型〔多屬第 3 波之頭〕

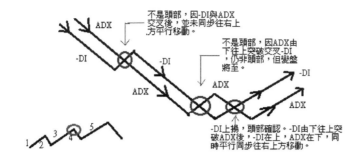

不是頭部，因-DI與ADX
交叉後，並未同步往右上
方平行移動。

不是頭部，因ADX由
下往上突破交叉-DI
，仍非頭部，但變盤
將至。

ADX

-DI

-DI

-DI

ADX

ADX

ADX

-DI上揚，頭部確認。-DI由下往上突
破ADX後，-DI在上，ADX在下，同
時平行同步往右上方移動。

② 中波段「底部」確認原則：

〈甲〉　第一種：多屬第 5 波之底

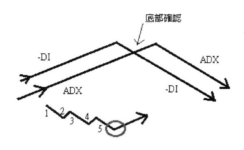

底部確認

-DI

ADX

ADX

-DI

〈乙〉　第二種：多屬第一波之底

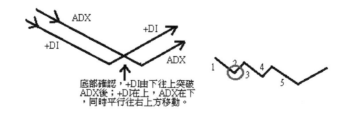

ADX

+DI

+DI

ADX

底部確認，+DI由下往上突破
ADX後；+DI在上，ADX在下
，同時平行往右上方移動。

197

〈丙〉　第三種：多屬第 3 波之底

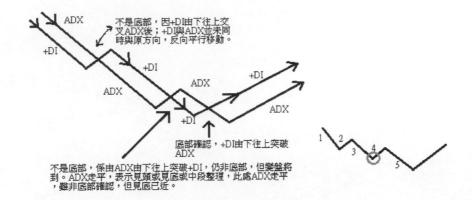

D>研判：DMI 與 ADX 之頭與底之研判與買賣點分析

①從「頭」到「底」：共 3 種

〈甲〉第一種：

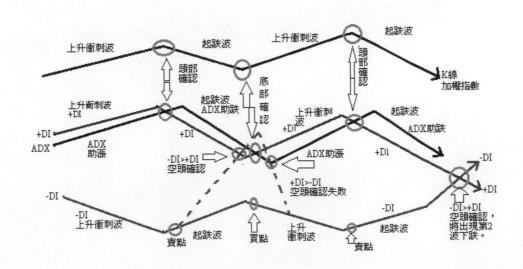

198

〈乙〉第二種：

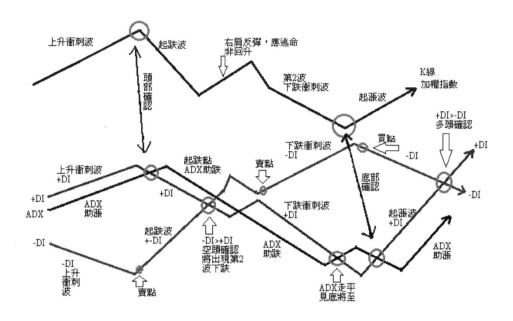

〈丙〉第三種：

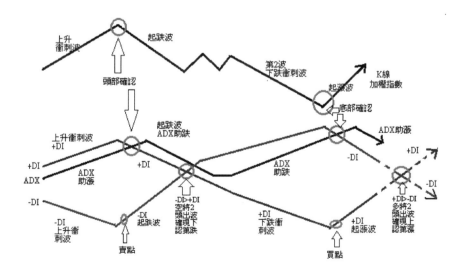

② 從「底」到「頭」：共3種

〈甲〉第一種：

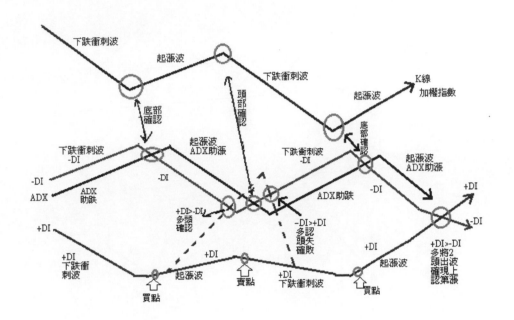

〈乙〉第二種：

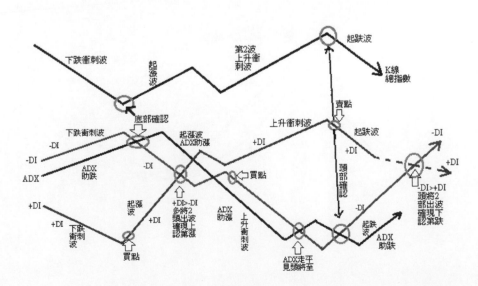

200

〈丙〉第三種：

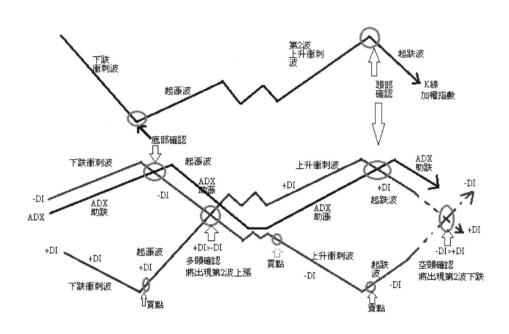

E>研判：ADX 之「二次助漲助跌」效應分析

① 從「頭」到「底」：秘訣

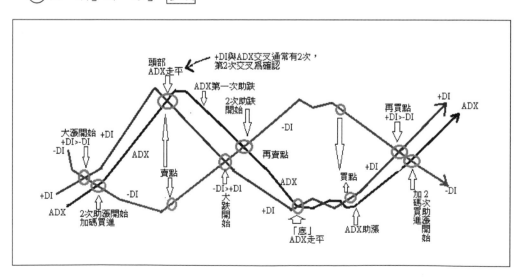

201

② 從「底」到「頭」： 秘訣

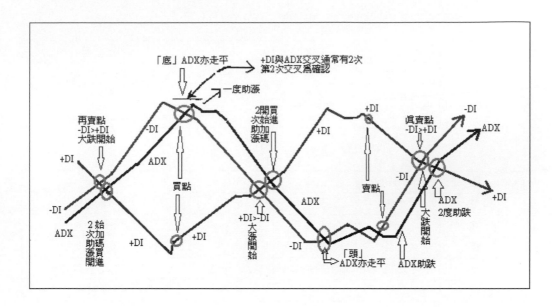

「底」ADX亦走平　+DI與ADX交叉通常有2次
第2次交叉爲確認

一度助漲

再賣點
-DI>+DI
大跌開始

+DI
-DI
ADX

+DI

2始
次加
助碼
派買
開進

買點

2開買
次始進
助加
漲碼

+DI>-DI
大漲開始

ADX

-DI

ADX

-DI

+DI

+DI

賣點

-DI

「頭」
ADX亦走平

ADX助跌

真賣點
-DI>+DI

大跌
開始

ADX
2度助跌

-DI
ADX
+DI

F>研判：ADX之低檔效應分析 秘訣

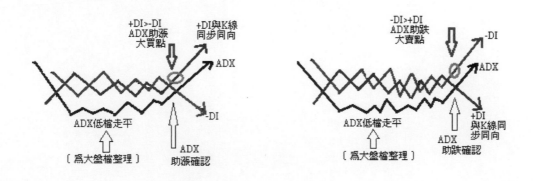

+DI>-DI
ADX助漲
大買點

+DI與K線
同步同向

ADX

-DI

ADX低檔走平

〔爲大盤檔整理〕

ADX
助漲確認

-DI>+DI
ADX助跌
大賣點

-DI

ADX

ADX低檔走平

〔爲大盤檔整理〕

ADX
助跌確認

+DI
與K線同
步同向

G>波段循環認識：DMI 指標

空頭市場(+DI〈-DI)

+DI	-DI	K 線	ADX	走勢型態
下跌	上漲	下跌	上漲(助跌)	下跌衝刺波
下跌	上漲	下跌	走平	見底
上漲	下跌	上漲	下跌(助漲)	反彈波或起漲波

多頭市場(+DI〉-DI)

+DI	-DI	K 線	ADX	走勢型態
盤整	盤整	盤整	走平	整理波
上漲	下跌	上漲	上漲(助漲)	上漲衝刺波
下跌	上漲	下跌	走平	見頂
下跌	上漲	下跌	下跌(助跌)	回檔波或下跌波
盤整	盤整	盤整	走平	整理波

(7-6) WMS% R〔威廉超買超賣指標 %R〕→短線及中線冷熱度

A>計算式：

$$\%R = \frac{H_{20} - C}{H_{20} - L_{20}} *100\% \text{（20 日）}$$

〔H：期間最高價，L：期間最低價，C：當天收盤價〕

B>研判：〔短線〕

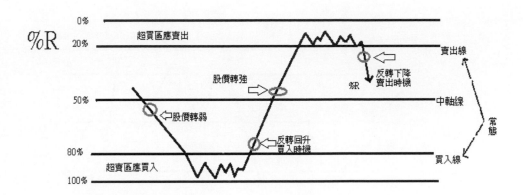

1：R 進入 80%~100%區域→超賣區〔放空者，應補回〕
　　R「由下而上」突破買入線〔80%〕→應「買入」。
2：R 進入 20%~0%區域→超買區〔融資買入者，應賣出了結〕
　　R「由上而下」突破賣出線〔20%〕→應「賣出」。
3：R 由下而上突破中軸線，進入 50%~0%區域，
　　→股價進入「強勢市場」。
4：R 由上而下突破中軸線，進入 50%~100%區域，
　　→股價進入「弱勢市場」。

C> 研判：〔中線〕

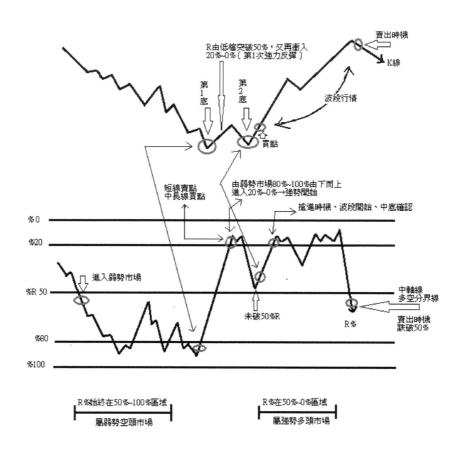

〔註〕：**秘訣**

當：股價在弱勢市場時，%R 由下而上「迅速衝入」20%~0%區域後，
再拉回卻未跌入中軸線 50%之下，即立即又回升而上。-----
→波段行情確認〔請立即搶進〕。

(7-7) 26AR%〔買賣氣勢指數〕→短線買賣及大勢判斷

A>計算式：

$$26AR\% = \frac{強勢\langle+\rangle}{弱勢\langle-\rangle} = \frac{〔當日最高價-當日開盤價〕26日之和}{〔當日開盤價-當日最低價〕26日之和} *100\%$$

例：AR=100=50(+)/50(-)*100%　　AR=150=60(+)/40(-)*100%→表示正數氣勢比
負數氣勢多 50%

B>研判：

①個股：

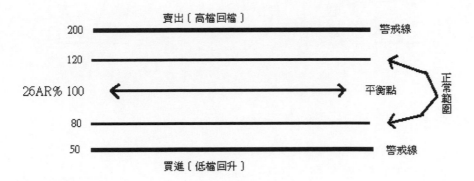

②大勢：

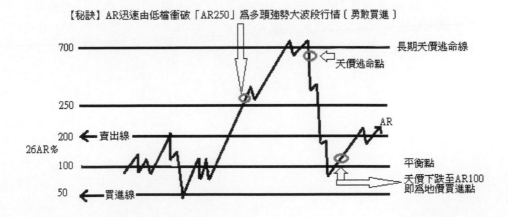

〔註〕a>AR 從高價下跌至一半時，可買進【短買】
　　　b>AR 從低價上升至一倍時，可賣出【短賣】

③AR 背離現象：M(AR)⇔N(K)背離

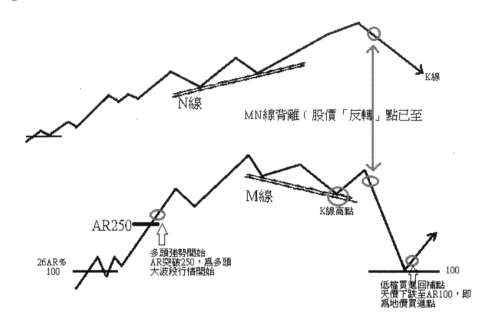

【秘訣】

〔註〕a>AR 迅速突破『250』，大多頭開始→「趕快買進」。 秘訣
　　　 b>天價下跌至 AR100 時，即為「地價買進點」。
【天機】c>當 AR 在 250 以上時，而出現「AR—K 線」背離現象
　　　　→大波段行情將結束
【天機】d>當 AR 未超過 150~200 以上之前或 AR 根本仍在 150 以下時，若出現 AR
跟 K 線背離現象→大波段行情並未結束。而此種 XY 型與 MN 型背離現象之不同→關
鍵決定於「AR 是否在 200 以上或以下」。

26BR%〔買賣意願指數〕→長線使用【大行情】需和 AR 併用

A>計算式：

$$26\ 日\ BR\% = \frac{〔今日最高價-昨日收盤價〕26\ 日之和}{〔昨日收盤價-今日最低價〕26\ 日之和} = \frac{強勢〔+〕}{弱勢〔-〕}$$

B〉研判：

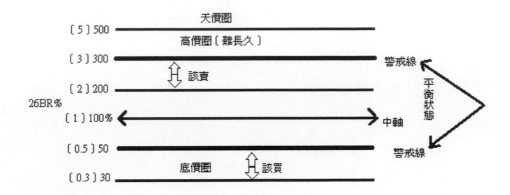

C>研判：BR 與 AR 併用判識【祕訣】

①BR>300→高價賣出圈

②當 BR 與 AR 由分開而逐步接近時，行情將彈升→買進。

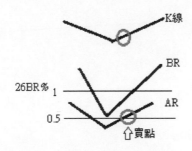

③當 BR<AR 時，BR 由下而上穿過 AR 時，且 K 線上揚→為買點。

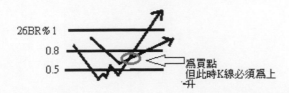

④當 K 線、BR、AR 同時急速大幅下降時→應立即準備在『低檔買進』。

⑤K 線上揚而且 BR 也上揚→以〔BR 底部之 1 倍〕為【賣出時機】。

⑥BR 由高點跌至其「漲幅之 1/2」時，為【買進時機】。

(7-8) 10VR〔成交量比率〕→長線斷頭底、短線斷超買超賣

A>計算式：

$$10VR= \frac{\text{10 日內股價上升日之交易值}+1/2\langle\text{不變日之交易值}\rangle}{\text{10 日內股價下跌日之交易值}+1/2\langle\text{不變日之交易值}\rangle} *100\%$$

D>研判：

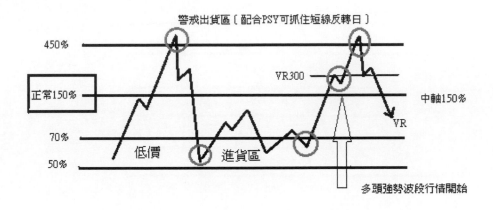

①短線：

      10VR⇨480%以上→短頭

            50% 以下→短底

②中長線：【祕訣】

      當 10VR 在低檔盤旋後，『迅速』衝破『300%』以上時⇨為多頭上升開始
或空頭中期強勢反彈開始。〔但達 450%處，必反轉或回檔〕。

③VR 由下而上突破「150」→多頭取得優勢。

   VR 由上而下跌破「150」→空頭取得優勢。

(7-9) 10ADR〔漲跌比率〕→研判「大勢」及「短買」「短賣」

A>計算式：

$$10 \text{ 日 ADR} = \frac{10 \text{ 日內股票上漲家數和}}{10 \text{ 日內股票下跌家數和}}$$

B>研判：短線

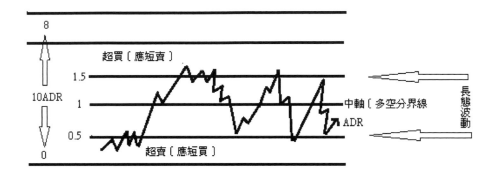

a>ADR 由下而上超過「1」→多頭取得優勢〔應加碼買進〕。
b>ADR 由上而下跌破「1」→空頭取得優勢〔應加碼放空〕。
c>ADR>1.5→應短賣〔獲利點〕。
d>ADR<0.5→應短買〔補回點〕。

C>研判：中長線

①空頭轉多頭：

【秘訣】由空頭市場結束，進入多頭市場之確立的『必要條件』

→即為：10ADR 由低檔〈0.5〉能夠『迅速』衝破『2.0』後，
才回檔後，再上衝。〔多頭波段行情確立，且有第2段大多頭〕。

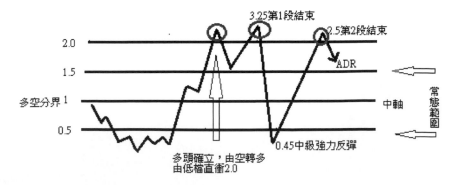

② 多頭轉空頭：

a> 空頭市場開始：指數創新高，但 ADR 卻「平緩下降」〔絕非立即迅速下降〕。

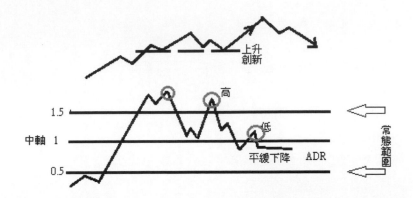

b> 空頭市場：中級反彈若無法超過「2.0」則仍為空頭市場。

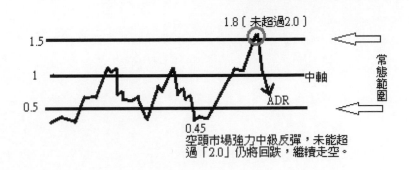

（7-10） ADL 騰落指標→斷：大勢強度、大勢分析

A>計算式：

ADL=累計 N 日上漲家數和-累計 N 日下跌家數和
第一天 ADL=上漲家數-下跌家數=△上漲家數
第二天△上漲家數=第二天上漲家數-第二天下跌家數
第二天 ADL=第二天△上漲家數+第一天 ADL

B>研判：

①ADL 與 K 線(總指數)，正常皆為「同步同向」走。

②ADL 與 K 線在高檔〔股價已經大漲一段〕發生型態上之背離時→做頭將至。

③ADL 與 K 線在低檔〔股價已經大跌一段〕發生型態上之背離時→做底已至。

④ADL 與 K 線在高檔或低檔「同時同步同向」發生頭部或底部型態

　→則頭部或底部已成。

⑤【秘訣】ADL 與 OBV 發生背離時，大趨勢必將發生反轉〔多轉空或空轉多〕。

C>研判：

①同步情況：

　　　　a>做「長頭」　　　　　　　　　　　　　b>做「長底」

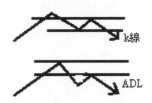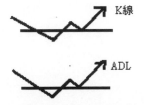

②背離情況：

　　a>做「長頭」：以下２種情形皆會發生

　　　　　〈A〉　　　　　　　　　　　　　　〈B〉

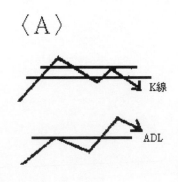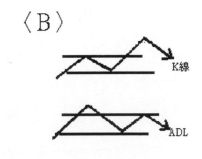

c> 做「長底」：以下２種情形皆會發生

　　　　　〈A〉　　　　　　　　　　　　　〈B〉

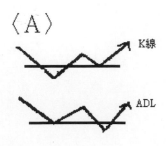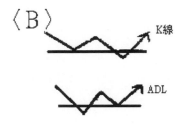

③ 背離情況：

a> 做「短頭」：　　　　　　　　　　b> 做「短底」：

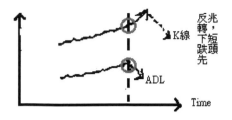
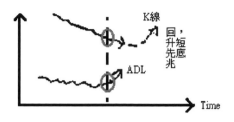

（7-11） OBV 線〔能量潮〕→斷大勢背離、領先指標

A>計算式：

①以任一日之成交值〔當日指數收紅〕為基數，為第1日OBV之值〔為正〕。
②下一日之OBV值=前一日之OBV值+當日值
    當日值=1.當日指數收紅→當日成交值為「正」。
            2.當日指數收黑→當日成交值為「負」。
例：第1日 收紅 成交值=50億，OBV=+50億〔基數〕
    第2日 收紅 成交值=60億，OBV=〔+50〕+〔+60〕=+110億
    第3日 收黑 成交值=70億，OBV=〔+110〕+〔-70〕=+40億
    第4日 收紅 成交值=50億，OBV=〔+40〕+〔+50〕=+90億
    第5日 收黑 成交值=40億，OBV=〔+90〕+〔-40〕=+50億

B>OBV性質認識：

①總指數收紅愈多，OBV愈高；收黑愈多，OBV愈低。
②總指數持續上升，OBV值愈高，反之則反。總指數盤局，OBV值勢必
    亦成盤局。故：OBV值與總指數同步同向。
③OBV線可劃「切線」。盤局往上突破，買進；盤局往下突破，賣出。
④OBV線形成M頭，賣出；W底，買進。
⑤OBV線具有「領先效果」。〔OBV與K線背離時〕

C>頭部判識：以下 2 種情形皆會出現

①同步情形：無領先效果

②背離情形：具領先效果

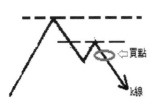

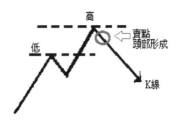

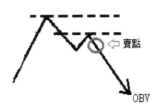

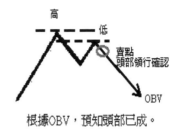

根據OBV，預知頭部已成。

D>底部判勢：以下 2 種情形皆會出現

①同步情形：無領先效果

②背離情形：具領先效果

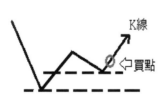

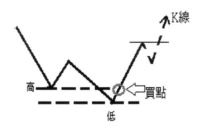

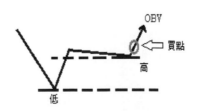

根據OBV，預知底部已成。

E> 突破盤局：OBV 切線實用

OBV線

突破盤局站穩
爲「買點」

盤局

F> 做頭盤底：〔中段整理→後仍有行情〕判識

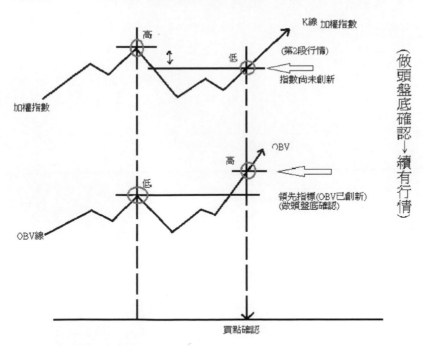

K線 加權指數

高

低

(第2段行情)

指數尚未創新

加權指數

OBV

高

低

領先指標(OBV已創新)
(做頭盤底確認)

OBV線

買點確認

（做頭盤底確認↓績有行情）

G>☆「OBV 線」與「ADL 線」之比較應用：斷大勢反轉

①OBV 線：

若當日收紅，則當日之成交值，全部視為買方力量。

若當日收黑，則當日之成交值，全部視為賣方力量。

所以，OBV 線是以「當日成交值」來表現買賣双方力量。

②ADL 線：

是以「漲跌家數」來表現買賣双方力量。

【秘訣】

③故當「OBV 線」與「ADL 線」發生「型態背離」時，總指數將發生
趨勢性反轉〔多翻空或空翻多〕。

OBV 線如同「量線」效果　　「量」與「價」發生背離⇨必反轉
ADL 線如同「價線」效果

（7-12） TAPI 值〔每一加權指數點的成交值〕⇨斷：中、長線

A>計算式：

$$總指數之 TAPI 值= \frac{當日成交值*1000}{當日加權指數}$$

B>研判：

①TAPI 值在「110」以上為多頭取得優勢〔多頭市場、持股抱牢〕
　TAPI 值在「110」以下為空頭取得優勢〔空頭市場、出清持股〕

②多頭市場：【秘訣】
　a>空頭市場結束，進入多頭市場，確立之必要條件為 TAPI 值由
　　低檔 110 以下「迅速」衝高突破 110 以上，並能「持續下去」，
　　且此時 K 線上揚。
　b>多頭市場，TAPI 值達「350」以上時→表股市過熱，隨時將「
　　回檔」，甚至「反轉」。而多頭中段「回檔整理」時，探底反彈
　　買進之條件為：TAPI 值低於「40」以下。
　c>在大多頭市場，最後一段上升行情，加權指數創新高，但 TAPI
　　值卻從「350」而下，「300」再落入約「200」處，即為行情反
　　多為空之時→發生背離現象。
　　即： K ↑⇨①4000 點→②8000 點→③12000 點
　　　 TAPI ↓⇨① 350 　→② 300 　→③ 200〔天價〕

③空頭市場：
　a>由多頭市場反轉進入長空市場，TAPI 值必小於「110」。
　b>☆長空探底條件為：TAPI 在「30」以下。☆

④天價與地價：
  a>天價在「TAPI=200」附近〔但：由 350↓....300↓....200↓
  b>地價在「TAPI=30 」附近〔但：由 20↑....30↑....110↑

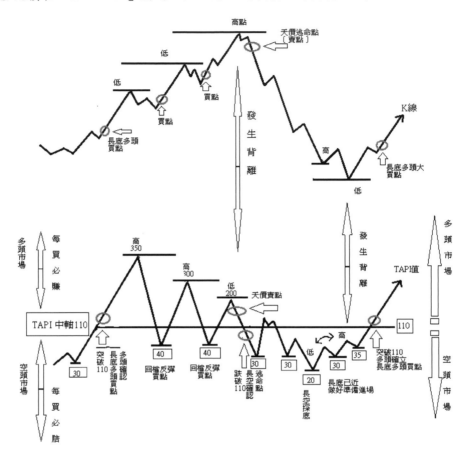

(7-13) 10 日 OBOS 線〔超買超賣線〕→斷多頭與空頭

A>計算式：

　　10 日 OBOS=10 日內上漲家數總和-10 日內下跌家數總和

B>研判：

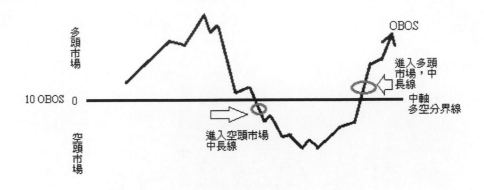

①10 OBOS 在「0」之上→多頭取得優勢〔持股續抱〕

　　　　　　在「0」之下→空頭取得優勢〔出清持股〕

②當：OBOS 由下而上突破「0」，且此時 OBOS 上揚、K 上揚⇨大膽買進。

③背離現象：

　　a>當：K 上揚，而 OBOS 下跌→背離〔準備賣出〕

　　b>當：K 下跌，而 OBOS 上揚→背離〔準備買進〕

(7-14) MTM & OSC〔速量指標、動量指標〕→中長線買賣點

A>計算式：

$$10 \text{ 日 MTM} = [\frac{\text{本日收盤指數}}{\text{十日前收盤指數}} *100] - 100 \quad \text{以 0 為中心點}$$

$$10 \text{ 日 OSC} = [\frac{\text{本日收盤指數}}{\text{十日前收盤指數}} *100] \quad \text{以 100 為中心點}$$

B>劃法：

①MTM：以 0 為中心點

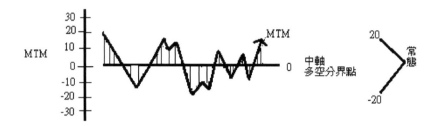

②OSC：以 100 為中心點

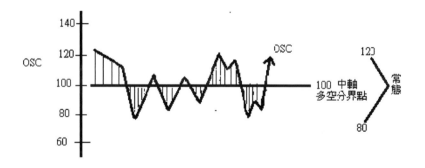

③速量〔動量〕：在 100 或 0 之上→多頭取得優勢〔多頭市場〕
在 100 或 0 之下→空頭取得優勢〔空頭市場〕

C>研判：以 OSC〔中心點 100〕為例

①多頭市場：變動區〔80~140〕

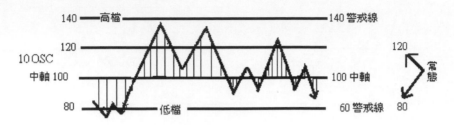

②空頭市場：變動區〔60~120〕

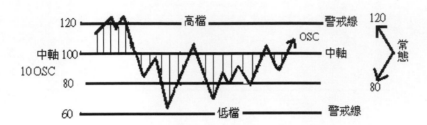

D>研判 ：中長線〔波段買賣點分析〕

①常態以內：
　　<a>買點分析：

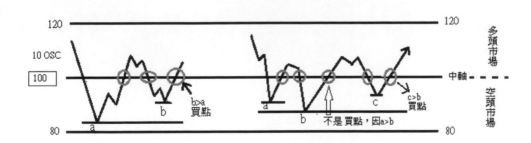

224

b>賣點分析：

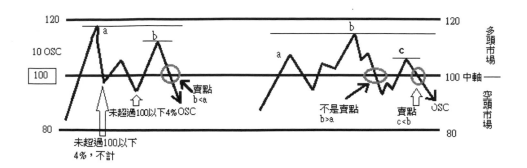

② 常態以外：

a> 買點分析

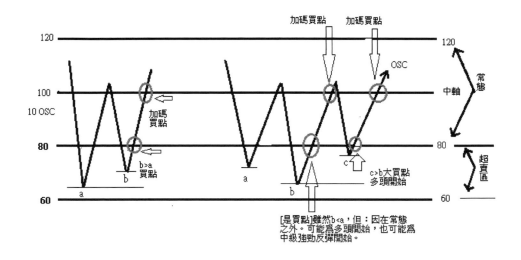

b> 賣點分析：

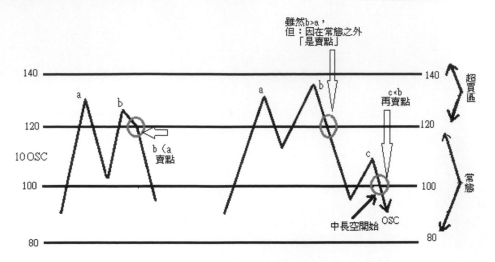

E>研判：中段整理 買賣點分析

①做頭盤底：多頭整理再上行

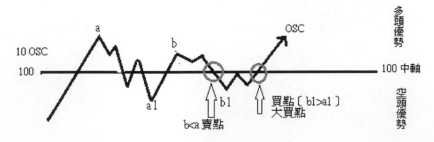

②做底盤頭：空頭整理再下行

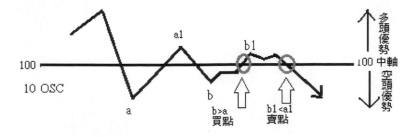

(7-15) (3-6)日 Y%〔双線乖離率〕→短、中、長線

A>計算式：

①双線乖離值｛(3-6)日乖離值｝=3日移動平均指數-6日移動平均指數

②双線乖離率｛(3-6)日乖離率｝= $\dfrac{3日移動平均指數-6日移動平均指數}{6日移動平均指數}$ *100%

B>研判：短線

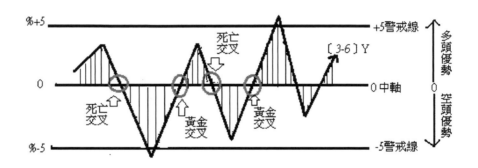

①(3-6)Y：在「0」之上→多頭取得優勢

　　　　　　在「0」之下→空頭取得優勢

②(3-6)Y：在「0」之上→表3日移動平均線在6日移動平均線之上

　　　　　　在「0」之下→表3日移動平均線在6日移動平均線之下

③

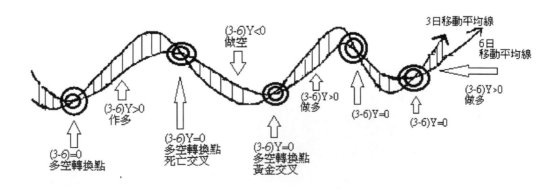

C>研判：波段買賣點分析

①警戒線以內：

  a> 買點分析：

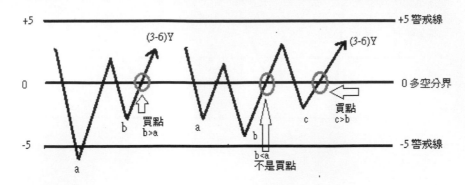

  b> 賣點分析：

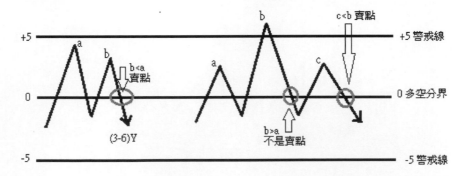

②警戒線以外：

  a> 買點分析：

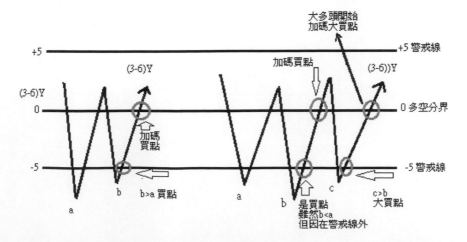

b> 賣點分析：

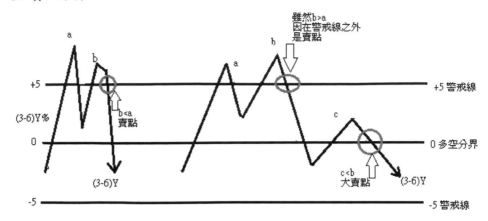

D>研判：中段整理買賣點分析

①做頭盤底：多頭整理再上行

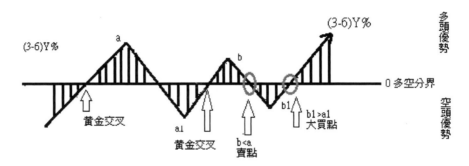

②做底盤頭：空頭整理再下行

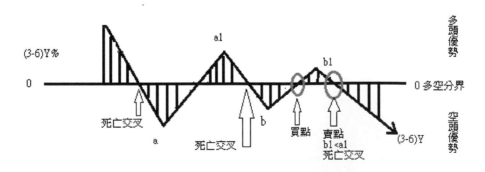

(7-16) 12Psy〔心理線〕→長線斷頭底、短線斷超買超賣

A>計算式：

$$12 \text{ 日 Psy} = \frac{12 \text{ 日內的「上漲天數」}}{12} * 100\%$$

B>研判：

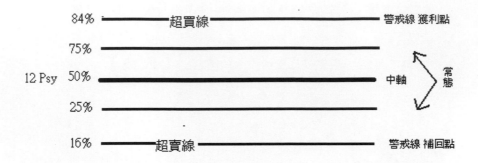

①短線：
- a> 12 Psy：在「50」以上→多頭取得優勢
  - 在「50」以下→空頭取得優勢
- b> 12 Psy：在84%以上為超買→可「短賣」〔獲利點〕
  - 在16%以下為超賣→可「短買」〔補回點〕

②中長線：
- a>上升行情前，「超賣之低點」會出現2次，
  - 第2次出現時，即「買入」〔做底〕。
- b>下跌行情前，「超買之高點」會出現2次，
  - 第2次出現時，即「賣出」〔做頭〕。

(7-17)　10AV〔十日移動平均值〕→斷大勢長線〔底的判斷特別有效〕【天機】

A>計算式：

　　　　10AV=最近十日之交易總額/10

B>研判：

　　①多頭市場「尾聲」時→K線上揚而10AV下降→發生背離現金→準備賣出
　　②空頭市場「尾聲」時→K線下跌而10AV上揚→發生背離現金→準備買進

C>「底部」舉例：底部確認密碼〔量的準則〕【天機】

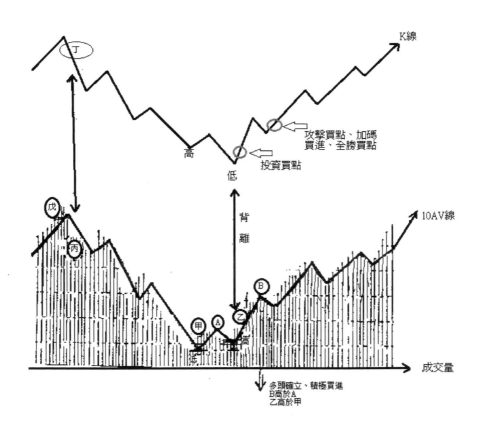

231

D>解說：**秘訣【天機】**

　①當「⑧量高於④量」時→表「底部確認」→應「積極買進」。

　②當「甲之日線量」在「10AV線」之上時，即應開始注意。

　　　再當「第2次」之「乙之日線量」又到「10AV線」之上時，

　　　且乙之量又高於甲之量，則『底部確立』→請提早搶進〔**天機**〕。

E>「階段頭部」解說：

　　例：K線⑪之位置，由高價下跌而下。

　　　　而此時「量」之位置，由戊轉入丙之位置。

　　　　注意：此時戊在10AV之上

　　　　　　　　而丙在10AV之下

　　　　換言之：當日成交量由10AV之上轉為10AV之下

　　　　　　　　　　→即為「階段頭部」→請「賣出」。

F>注意：若使用「6日AV線」，其效果比「10日AV線」更快速敏感。

國家圖書館出版品預行編目資料

股市預知學技術分析精奧/魏永承著.--初版--台南市： 魏永承, 2023.09	
面： 公分.	
ISBN 978-626-01-1670-5（平裝）	
1.CST: 證券市場 2.CST:證券投資 3.CST:投資分析	
563.54	112014208

股市預知學技術分析精奧

著作者：魏 永 承

出版者：魏 永 承

印刷者：龍宏印刷有限公司

初　版：2023 年 9 月

定　價：新台幣 3500 元